Der Kompass zu mir selbst

Wie Sie die Reise zur Selbstfindung und Selbstreflexion antreten, Ihre Persönlichkeit entwickeln und ohne Selbstzweifel mit großem Selbstbewusstsein glücklich leben

Maximilian Wolters

Alle Ratschläge in diesem Buch wurden vom Autor und vom Verlag sorgfältig erwogen und geprüft. Eine Garantie kann dennoch nicht übernommen werden. Eine Haftung des Autors beziehungsweise des Verlags für jegliche Personen-, Sach- und Vermögensschäden ist daher ausgeschlossen.

Email: info@edition-lunerion.de
www.edition-lunerion.de

Psiana eCom UG
Berumer Str. 44
26844 Jemgum

INHALT

Was ist Mut?

„Das Geheimnis des Glücks ist die Freiheit,
das Geheimnis der Freiheit aber ist der Mut."
(Thukydides, um 460 v. Chr.)

Als mutig gilt, wer etwas Gefährliches wagt. Als Kind über einen Bach zu springen, auf einen Baum zu klettern oder einem Lehrer einen Streich zu spielen, das ist mutig. Wenn man dabei nicht mitmacht, sagen die anderen Kinder: „Du bist aber feige!" So sammelt man all seinen vermeintlichen Mut zusammen und zeigt den anderen beim nächsten Mal, dass man es sehr wohl kann. Man fühlt sich stolz, ein ganzes Stück größer, denn die anderen applaudieren und jubeln. Endlich hat man sich mal etwas getraut. Die Anerkennung tut gut. Fortan will man immer mutig sein. So mutig wie die anderen.

Dieser angebliche Mut ist in Wahrheit sehr feige. Mutig zu sein heißt nicht, das zu tun, was andere tun oder von einem verlangen. Fügt man sich den Ansprüchen anderer, hat man sogar große Angst. Angst vor dem Spott, vor der Missachtung, vor dem Alleinsein. Angst, nicht gut genug zu sein. So lässt man sich verbiegen durch das, was andere denken. Die anderen machen die Vorgaben und man folgt. Am

Anfang noch zögerlich, doch bald, ohne zu hinterfragen. Die werden schon wissen, was man tun muss. Was man selbst tun will, vergisst man darüber. Es wäre ja nicht mutig, das zu tun.

Doch, genau das wäre es. Mut bedeutet, sich etwas zuzutrauen. Jedoch nicht, waghalsige Aktionen zu machen, nur weil andere das tun. Im Gegenteil, Mut heißt mitunter, etwas *nicht* zu tun, *obwohl* andere es von einem erwarten. Mutig ist, wer seine eigenen Entscheidungen trifft und dazu steht, egal, was andere Menschen von ihm denken.

Wer sich durch die Meinungen anderer lenken lässt, ist nicht mutig und kann insofern auch nicht frei sein. Das bedeutet auch, dass er nicht glücklich sein kann, denn Freiheit und Glück sind untrennbar miteinander verbunden.

Die allermeisten Menschen verbiegen sich tagtäglich, um anderen zu gefallen, und berauben sich dadurch ihrer Freiheit und ihres Glücks. Mut, echter Mut, ist der Schlüssel in ein selbstbestimmtes, zufriedenes Leben.

In diesem Buch erfährst Du, wie sehr Du durch andere Menschen gelenkt wirst, welche Auswirkungen das auf Dein Leben hat und wie Du es schaffen kannst, selbst die Verantwortung für Dein Glück in die Hand zu nehmen.

Ferngesteuert durchs Leben

Man möchte es gar nicht glauben, aber leider ist es wahr – die Meinungen und Ansprüche anderer Menschen lenken uns in allen Lebensbereichen. Vielleicht hast Du es geschafft, Dir in mancher Hinsicht Dein eigenes Ich zu erhalten, zumindest zum Teil. Aber bist Du wirklich immer Du selbst und kümmerst Dich nicht um das Urteil anderer? Oder denkst Du doch hin und wieder etwas wie „Was die anderen wohl sagen, wenn ich..." oder „Hoffentlich blamiere ich mich nicht"? Wie sehr Du selbst gelenkt wirst, findest Du im Anschluss an dieses Kapitel noch im Test heraus. Jetzt möchte ich Dich erst einmal darüber aufklären, wo und auf welche Art andere Menschen – entweder als Einzelne, als Gruppen oder als die Gesellschaft an sich – auf Dich Einfluss nehmen. Oftmals merkst Du es nämlich nicht einmal, da Du schon viel zu sehr daran gewöhnt bist, Dich anzupassen.

BANAL UND DOCH FATAL – ANPASSUNGSDRUCK BEIM AUSSEHEN

Das äußere Erscheinungsbild eines Menschen ist eigentlich egal, denn es verändert den Wert der Person nicht. Also müsste es auch egal sein, ob Du Dich äußerlich anpasst oder nicht. Dem ist jedoch ganz und gar nicht so, denn äußerlich man selbst zu sein heißt, die eigene innere Stärke zu zeigen und sich wohl in seiner Haut zu fühlen. Ziehst Du Dir etwas an, nur weil andere auch diese Art von Kleidung tragen, oder lässt Du Dich von jemandem überreden, Dir eine Frisur machen zu lassen, die Du Dir selbst nicht ausgesucht hättest, trittst Du somit Dein Inneres mit Füßen. Es möchte gern auch nach außen demonstrieren können, wie es „gestrickt" ist. Doch es gibt Modemagazine, Werbung, Schaufenster und viele Menschen, die sich von Saison zu Saison immer wieder in neue Kleidungsstücke hüllen.

Manche moderne Kleidung findest Du vielleicht wirklich schön und fühlst Dich darin wohl, aber meistens kaufst Du nur die neueste „Fashion", um von Deinen Freunden anerkannt zu werden und zur Gesellschaft dazuzugehören. Deine geliebten alten Sachen bleiben im Schrank oder landen in der Altkleidersammlung, und das alle paar Monate aufs Neue. Aber nicht nur bei der Kleidung gibt es Mode, sondern auch bei Frisuren, Körperbehaarung, Make-up, Bartpflege und dergleichen. So rennen dann alle brav in kurzen Abständen zum Frisör und zum Kosmetiker, um sich, ihre Haare und ihre Haut an die angesagten Trends anzupassen.

Immerhin gibt es meistens eine gewisse Auswahl aktueller Mode, sodass wir nicht alle haargenau gleich aussehen. Ferngesteuert sind wir trotzdem, denn es ist nicht der eigene Stil, sondern ein vorgegebener – und auch noch ein vorurteilsbehafteter. Das merkt man spätestens, wenn man sich als Frau in die Männerabteilung verläuft (oder umgekehrt). „Ach, das wird Ihrem Mann bestimmt gefallen!", erklingt die Stimme des Verkäufers, der wie aus dem Nichts neben einem aufgetaucht ist, während man ein Jeanshemd in der Hand hält. Das Hemd ist schön, sieht gut verarbeitet aus und ist auch nicht zu teuer. Aber man lässt es da, denn es ist ja ein Männerhemd und Frauen tragen keine Männerhemden. Schließlich laufen sie ja auch nicht mit unrasierten Beinen herum – ebenso wenig wie Männer Frauenpullover tragen, lange Haare haben oder Kosmetikprodukte für Frauen benutzen.

Nicht nur die aktuelle Mode und das Geschlecht spielen aber eine Rolle, sondern auch das Umfeld und der Anlass, wofür wir uns einkleiden bzw. verkleiden. Wenn Du ganz allein zu Hause für Dich bist, trägst Du wahrscheinlich Deine Lieblingssachen, die Dir wirklich gefallen und in denen Du Dich wohlfühlst, und kümmerst Dich nicht großartig um Deine Haare und Dein sonstiges Erscheinungsbild. Gehst Du raus, überlegst Du schon: Wer könnte mich sehen? Was habe ich vor? Wohin gehe ich? Welche Kleidung und welches Styling sind da angemessen? Nicht einmal beim Einkaufen, Joggen oder Spazierengehen fühlt man sich wirklich frei, denn man begegnet anderen Menschen, die sich ein Urteil über einen bilden könnten. Erst recht überlegt man, wenn man zum Beispiel ins Restaurant, ins Kino oder auf eine Party geht, sich auf Partnersuche befindet, zu einem Vorstellungsgespräch muss oder auf ein Familientreffen eingeladen ist. Dass unter all den äußerlichen Variationen, die man für verschiedene Anlässe an sich vornimmt, ein und derselbe Mensch steckt, kann man fast nicht glauben.

Was noch schlimmer ist: Nicht nur bei Kleidung & Co. haben andere Menschen bzw. die Gesellschaft und die Medien einen enormen Einfluss auf den Einzelnen, sondern auch die Figur und das sonstige Erscheinungsbild müssen den Ansprüchen genügen. Bloß keine Falte, keine Cellulite, keine Hautunreinheiten und kein Gramm zu viel zeigen, sonst erntet man direkt abschätzige Blicke und Kommentare oder, was mindestens ebenso schlimm ist, gut gemeinte Ratschläge, wie man seine Optik verbessern könnte. Jeder will perfekt aussehen, und zwar nicht perfekt wie er selbst, sondern so, wie ihn die anderen als perfekt empfinden. Gegebenenfalls unterzieht man sich dafür sogar einer „Schönheits"-OP, anstatt das eigene natürliche Erscheinungsbild als Teil des persönlichen Selbst zu akzeptieren und zu lieben.

MEIN HAUS, MEIN AUTO, MEIN HANDY – BESITZTÜMER, DIE MAN (NICHT) BRAUCHT

Hand aufs Herz: Wie viele Sachen hast Du Dir innerhalb der letzten paar Jahre gekauft, weil Du sie bei jemand anderem oder in der Werbung gesehen hast? Wie viele davon brauchtest Du wirklich? Wie viele haben Dir persönlich echt gut gefallen? Und wie viele der Sachen liegen jetzt einfach herum, weil Du schon wieder etwas Neues hast?

Bei kleinen Unnötigkeiten des Alltags wie Kleidung, Accessoires und Deko fängt es an und reicht weiter über Einrichtungsgegenstände und technische Geräte bis hin zu Autos, Häusern, Pools, Booten, Ferienwohnungen und Diversem mehr. Jeder will das, was die anderen auch haben, und am besten noch mehr, denn man will ja nicht nur mithalten, sondern besser sein als die anderen und vor ihnen angeben. So haben wir es von klein auf gelernt, so funktioniert die Welt. Wer zeigt, was er hat, wird anerkannt, und je mehr man hat und zeigt, desto beliebter ist man. Die Werbung tut ihr Übriges, indem sie mit vermeintlich günstigen Angeboten lockt und durch fröhliche Gesichter, perfekt in Szene gesetzte Bilder und betörende Hintergrundmusik suggeriert, dass wir durch den Kauf der angepriesenen Dinge glücklich werden. Also streben wir fleißig nach immer mehr und erreichen doch nie das, was wir uns wünschen – echte Zufriedenheit.

Je nach Einkommenslage sind dem Besitz natürlich Grenzen gesetzt – so sollte man zumindest meinen. Doch da gibt es ja noch Ratenkäufe, Kreditkarten und Darlehen. Damit können wir trotz des kleinen Geldbeutels die ganzen tollen Sachen kaufen, die uns angeblich so glücklich und unwiderstehlich machen. Wer nicht genug Geld hat, um sich all das zu leisten, was die anderen auch haben, der tut eben so, als ob. Denn Geld ist ohnehin das Wichtigste in unserer Gesellschaft. Je weniger Du hast, desto abwertender wirst Du angesehen. Also bloß nicht zeigen, dass es nicht für all den Prunk und Protz reicht. Wie man das alles irgendwann mal abbezahlen will, darüber denkt man gar nicht nach. Es muss halt irgendwie gehen, schließlich steht der Ruf auf dem Spiel. So mancher Mensch gerät immer weiter in die Schuldenfalle, während er verzweifelt versucht, auch zu der „erstbesten Gesellschaft" zu gehören. Hauptsache, die Nachbarn, die Freunde, die Verwandten, die Lehrer unserer Kinder und die fremden Menschen auf der Straße machen große Augen, wenn sie uns sehen, und sagen: „Wow, was der alles hat, dem muss es ja richtig gutgehen!"

Aber wie geht es Dir denn mit Deinem übervollen Kleiderschrank, Deinem superteuren Smartphone, Deinem riesigen Fernseher, Deinem schnellen Auto und all den Dingen, die Du vermeintlich für Dein Glück brauchst? Bringt Dir das wirklich Wohlbefinden und Entspannung? Nein, denkst Du jetzt, aber ich fühle mich dadurch wertvoll. Ist das so? Fühlst Du Dich wirklich, als ob DU einen Wert hättest? Es ist doch vielmehr so, dass Du Deinen Wert nur durch die Sachen definierst und Angst hast, für andere nichts wert zu sein, wenn Du das alles nicht hättest. Das allein ist der Motor, wenn Du mal wieder den anderen nacheiferst, sie mit Deinen Besitztümern zu übertrumpfen versuchst oder auf die Werbung hereinfällst. DIR persönlich gibt das keinen Wert. Du hast einen Wert, egal, wie viel oder wenig Du besitzt, und zwar denselben wie JEDER andere Mensch auf der Welt.

Doch vielen Menschen scheint immer noch nicht bewusst zu sein, dass alle Menschen gleich sind, und so schauen sie herablassend auf die, die weniger haben, und neidisch auf die, die mehr besitzen als sie selbst. So leben wir alle in einer Gesellschaft des ständigen Wettstreits und des vermeintlich käuflichen Glücks, in der wir alle, wenn wir mal ehrlich sind, nicht besonders zufrieden sind. Nicht einmal diejenigen, die wirklich viel Geld haben, leben in echter Zufriedenheit, denn auch sie definieren sich nur durch ihre Besitztümer und verspüren ständig den Druck, auf ihren Reichtum aufzupassen und ihn zu vermehren, um nicht an Ansehen zu verlieren.

„Arme Reiche", denkst Du jetzt wahrscheinlich sarkastisch. Aber so ist es nicht gemeint. Viele von ihnen – aber dennoch nicht alle – sind sehr rücksichtslos und egoistisch. Sie bauen ihr Glück auf dem Unglück anderer auf, wenn sie zum Beispiel Konzernchefs von Unternehmen sind, die Menschen in der Dritten Welt für Hungerlöhne und unter gefährlichen Bedingungen für sich arbeiten lassen oder die durch ihre Produktion die Umwelt erheblich verschmutzen. Hauptsache, den eigenen Profit mehren und als der Größte dastehen, und statt einige ihrer Millionen wenigstens zu spenden, verbraten sie sie für ihren eigenen Luxus. Ein wirkliches Selbstwertgefühl und somit eine wirkliche Zufriedenheit haben diese Menschen trotzdem nicht, denn ihr Ansehen gewinnen sie nur durch ihren Reichtum und nicht durch ihr persönliches Wesen.

Aber zurück zu Dir, der Du wahrscheinlich nicht zu jenem Personenkreis gehörst. Die meisten „kleinen Leute" träumen davon, auch mal reich zu sein und sich alles leisten zu können, was sie wollen (oder was ihnen suggeriert wird, es wollen zu müssen). So schauen sie zu denen auf, die die neuesten, teuersten und (vermeintlich) tollsten Sachen haben. Und da sie sich weniger wertvoll als die empfinden, die mehr als sie haben, fühlen sie sich selbst wertvoller als die, die weniger besitzen. Dieses Denken steckt tief in unserer Gesellschaft drin und geht schon spätestens in der Grundschule los. Selbst wenn wir uns bewusstmachen, dass Geld und Besitz keine Rolle spielen, kommt diese Einstellung bei vielen von uns unwillkürlich zum Vorschein, zum Beispiel in einer stolzen Körperhaltung, wenn wir etwas Neues haben, oder in einem Augenbrauenhochziehen, wenn wir jemanden mit einer zerschlissenen Jacke oder einem alten Tastenhandy sehen.

Bezüglich der eigenen Person versucht so mancher sich zwar einzureden, dass er nicht viel Geld oder Besitz braucht, aber dann ist da die kleine Stimme, die flüstert: „Aber was denken dann die Leute von mir?“ Und schon hat man ein neues Sofa, das fast das ganze Wohnzimmer ausfüllt, oder ein riesiges Geländeauto, das kaum auf den Parkplatz der innerstädtischen Wohnsiedlung passt.

AUF DER KARRIERELEITER HOCH ZU FREMDEN ZIELEN – WIE DU DICH IM BERUF VERBIEGST

Damit man sich all das kaufen kann, was man angeblich haben muss, braucht man natürlich einen guten Job. „Gut“ bezieht sich dabei selbstverständlich in erster Linie auf das Einkommen. Dass die Arbeit Spaß macht oder womöglich sogar erfüllend ist und dem eigenen Inneren entspricht, wünschen sich zwar viele Menschen, aber spätestens im jungen Erwachsenenalter nehmen die meisten von diesem Traum Abstand. Die Realität sieht eben anders aus, Rechnungen müssen bezahlt werden, man will sich ein „gutes Leben“ aufbauen und natürlich auch vom persönlichen Umfeld und von der Gesellschaft anerkannt werden.

Diese Faktoren beeinflussen viele junge Menschen bereits bei der Wahl ihres Studien- oder Ausbildungsplatzes. Irgendwie sollte das Berufsfeld zwar den Fähigkeiten entsprechen, aber die Verdienst- und Karrierechancen sind oft wichtiger. Am besten soll sogar schon kurzfristig ein finanzieller Erfolg eintreten und so beginnen viele nach dem Abitur ein duales Studium, da sie auf die Art gleich schon während der Ausbildung Geld verdienen können und die Chance haben, später von der ausbildenden Firma übernommen zu werden. Aber auch bei der Wahl eines Universitätsstudiengangs spielt für die meisten die Überlegung eine Rolle, welchen Beruf sie damit ergreifen können und wie viel Geld sie damit verdienen können. Geld regiert nun einmal die Welt und jeder will zu dieser Welt dazugehören, also wird das ganze Denken darauf ausgerichtet. Das lernen wir von klein auf von unseren Eltern und dem sonstigen Umfeld, später von unseren Lehrern, aus den Medien und durch unsere Mitschüler, die dieses Denken bereits perfekt in sich aufgenommen haben, andere Menschen nach deren finanziellen Verhältnissen bewerten und selbst schon nach Geld streben.

Als Kind hat man noch mutige, ungewöhnliche Pläne, was man mal werden will – zum Beispiel Naturforscher, Musiker oder Dressurreiter. Dass man damit wahrscheinlich nicht viel Geld verdient, es sei denn, man wird berühmt, spielt da noch keine Rolle. „Das ist ja ein schönes Hobby, aber als Beruf musst Du etwas Richtiges machen", bekommen wir dann zu hören. Es folgen auch sicher Vorschläge, was denn das „Richtige" ist. Dass das eigene Innere es überhaupt nicht richtig findet, vergessen wir dann irgendwann, weil wir vermeintlich vernünftig werden und keine „Luftschlösser" mehr bauen. In Wahrheit werden wir einfach genug manipuliert, um unsere persönlichen Ziele zu verwerfen und uns anzupassen.

Erhält sich jemand seine Träume bis nach dem Schulabschluss und studiert zum Beispiel Sinologie, Kunst oder Philosophie, begegnen ihm bald kritische Blicke und die Worte: „Aber was willst Du denn damit anfangen?!" Und kaum merklich setzt sich der Gedankenprozess in Gange und kommt immer heftiger ins Rotieren. War es die richtige Wahl? Was werden die Leute von mir denken? Es gibt doch bestimmt anerkannte, gut bezahlte Jobs, die irgendwie entfernt etwas mit dem Studienfach zu tun haben...? Oder doch nochmal den Studiengang wechseln oder eine Ausbildung anfangen? Und schon ist wieder ein „Luftschloss" zerstört und ein Mensch mehr hat den Weg in die angepasste Geldgesellschaft gefunden.

Es gibt aber noch zwei weitere Faktoren, die die Berufswahl beeinflussen – die eigenen Talente und Stärken. Also, nein, nicht wirklich die *eigenen*. Natürlich die, die andere in einem sehen und für gut befinden. Oftmals sehen unsere lieben Verwandten in uns Kopien von sich selbst oder das, was sie gern wären, und unser Umfeld sucht in uns Kompetenzen, mit denen wir zu einem „normalen" Teil der Gesellschaft werden. Sie suchen aber auch Gründe, die uns daran hindern, so zu sein, wie sie es nicht für richtig halten.

„In unserer Familie haben alle zwei linke Hände, wie willst Du denn Tischler werden?!"

„Du kannst doch so gut rechnen, da musst Du einfach Banker oder Buchhalter werden."

„Du interessierst Dich doch so für andere Länder, da wäre Flugbegleiter doch bestimmt ein toller Job für Dich."

„Die Zukunft unseres Familienunternehmens liegt in Deiner Hand."

„Du hast Dich doch früher so für meine Arbeit interessiert, ich dachte, Du willst mal das Gleiche machen."

„Wir haben alle nur Realschulabschluss und eine Lehre gemacht, Du kannst sicher nicht das Abitur schaffen und studieren!"

Kommt Dir das bekannt vor? Die Liste wäre unendlich fortzusetzen. Bestimmt erinnerst Du Dich jetzt selbst an die Sätze, die Du von Deinem Umfeld zu hören bekommen hast, wenn es um Deine berufliche Zukunft ging. Wenn Du jetzt feststellst, dass Du einen Beruf ergriffen hast, den Du selbst nicht wolltest, sei aber bitte nicht betrübt und verärgert, sondern sieh die Erkenntnis als Anstoß, um für die Zukunft etwas zu ändern. Es ist nie zu spät, um zu Deinen Träumen zurückzukehren. Tipps dafür gibt es im letzten Kapitel dieses Buches.

Mit der Wahl der Berufsausbildung oder der Entscheidung für eine Stelle ist das Verbiegen aber noch nicht abgeschlossen, sondern geht in vielen Fällen erst richtig los. Und das möglicherweise auch, wenn der Job eigentlich wirklich Dein Traumjob ist. Denn Arbeit besteht in den meisten Fällen darin, Produkte für andere Menschen herzustellen, Waren an sie zu verkaufen oder Dienstleistungen für sie anzubieten und auszuführen, und vielfach hast Du es zudem mit Kollegen und einem Chef zu tun. Falls Du selbst der Chef bist, hast Du zwar eigentlich das Sagen, aber bist andererseits abhängig von Deinen Angestellten, denn Du kannst ja nicht alles allein machen. So oder so besteht Arbeit in einem Betrieb gleich welcher Art darin, Dinge zu erledigen, die andere von einem wollen, und mit vielen anderen Personen klarzukommen. Als Solo-Selbstständiger hast Du es da verhältnismäßig gut, aber immerhin bist Du abhängig von Deinen Kunden bzw. Auftraggebern.

Angestellte, Chefs und Selbstständige haben alle eines gemeinsam: Das Geld sitzt ihnen im Nacken, und natürlich auch der Gedanke, was die Leute denken würden, wenn sie ihren Job oder ihre Firma aufgeben würden. Aus diesem Grund tun sie vieles und lassen sich vieles gefallen, was sie im Innersten nicht wollen. Zum Beispiel setzen sie sich täglich Mobbing aus, das sowohl unter Angestellten als auch durch den Chef in Richtung der Mitarbeiter oder von den Mitarbeitern in Richtung des Chefs stattfinden kann. Oder man setzt selbst seine Ellenbogen ein, um auf Kosten anderer voranzukommen. Als Selbstständiger nimmt man stressige oder langweilige Aufträge und zahlungsunwillige Kunden in Kauf, denn der Kunde ist nun einmal König. In vielen Firmen und Branchen muss man zudem ein „gepflegtes Äußeres" aufweisen, zu dem nicht nur eine Dusche und saubere Kleidung gehören, sondern oftmals eine komplette Verwandlung des äußeren Erscheinungsbildes.

Je nach Tätigkeitsfeld hat man es mit Geschäftskontakten zu tun, denen gegenüber man sich „vorteilhaft" verhalten muss, selbst wenn sie unsympathisch und unfreundlich sind. Teils gehört es außerdem dazu, Kunden zu becircen und ihnen gegebenenfalls das Blaue vom

Himmel zu versprechen. Ob mit oder ohne Kundenkontakt, oft findet die Arbeit unter unangenehmen Bedingungen statt. Zum Beispiel herrscht ständig Stress, man muss Aufgaben für andere übernehmen, Überstunden machen, sich antreiben lassen, lange Arbeitswege in Kauf nehmen, mit vorsintflutlichem Equipment arbeiten oder in der Freizeit für die Arbeit erreichbar sein. Manchmal steht man sogar vor der Wahl, an einen anderen Ort oder sogar in ein anderes Land zu ziehen oder den Job zu verlieren.

All das und mehr nimmt man in Kauf, denn man muss es ja, man braucht ja den Job. Das Geld und die etwaige Anerkennung (sofern man sie denn wirklich bekommt) heilen die Wunden, die dabei entstehen, allenfalls oberflächlich. Aber die leise, tief unzufriedene Stimme der Seele wird ignoriert. Hauptsache funktionieren, ein braver Teil der Gesellschaft sein und sich möglichst viel Ansehen erkämpfen. Wenn Du keinen der angesehenen Jobs abbekommen hast, fühlst Du Dich minderwertig, obwohl Du genauso viel (oder vielleicht mehr) arbeitest wie andere. Aber da ist immerhin noch das Geld, mit dem Du Dir ein bisschen Anerkennung in Form von Besitz kaufen kannst. Aber was willst Du eigentlich selbst? Wenn Du es nicht mehr weißt, dann finde es heraus. „Beruf" kommt von „Berufung". Niemand ist dazu berufen, sich zu verbiegen, um anderen zu gefallen.

DAS WÜNSCHT SICH DOCH JEDER!? PARTNERSCHAFT, FAMILIE UND FREUNDSCHAFT

„Was, Du bist immer noch Single?!" Diese Frage knallt wie Peitschenhiebe und lässt einen in weniger als einer Sekunde um mindestens einen halben Meter schrumpfen. Meist ist sie begleitet von gespieltem oder echtem Mitleid, das sie aber auch nicht besser macht. Ebenso schlimm ist „Was, Du lässt Dich scheiden?!" oder auch „Was, Du hast immer noch keine Kinder?!". Das Selbstwertgefühl erlebt einen tiefen Knacks, wenn jemand uns auf unsere vermeintlichen sozialen Unzulänglichkeiten aufmerksam macht, und sofort zweifeln wir unser ganzes Leben an, obwohl wir uns vorher eigentlich ganz wohlgefühlt haben.

Ein Mensch kann doch nicht allein sein, er braucht doch seine „bessere Hälfte" und er muss doch seine Gene weitergeben. Das gehört doch einfach zum Leben dazu, sonst stimmt doch etwas nicht und man kann unmöglich glücklich sein. Schon kleine Mädchen schieben Puppenwagen und überlegen sich, wie viele Kinder sie mal haben wollen. Und wenn der Erste in der fünften oder sechsten Klasse seine erste „feste Freundschaft" hat, sind die anderen neidisch und wollen das auch. Paare zu bilden und Kinder zu bekommen ist ein Urinstinkt, der seit jeher das Überleben der Menschheit sichert, und so hat sich diese Überzeugung von „natürlichem" Verhalten sehr tief eingeprägt. Viele sind ja auch wirklich glücklich, wenn sie einen Partner und Kinder haben. Aber eben nicht alle und vor allem macht nicht jeder Partner glücklich. Wirklich harmonische Paarbeziehungen sind sogar ziemlich selten und doch suchen viele einfach „einen Partner", um nicht allein zu sein, oder bleiben mit jemandem zusammen, mit dem sie sich nicht wohlfühlen, damit sie nicht zum „Gespött der Leute" werden. Immerhin ist unsere Gesellschaft inzwischen so weit, dass gleichgeschlechtliche Partnerschaften respektiert werden. Zumindest offiziell ist das so, während in der Realität noch oft Gespräche verstummen und abschätzige Blicke geworfen werden, wenn ein homosexuelles Pärchen Hand in Hand die Straße entlanggeht.

Wen man liebt, und ob man überhaupt mit jemandem zusammen sein will, ist das Allerprivateste eines Menschen, aber alle haben ein wachsames Auge darauf und geben ihr Urteil ab, sodass man selbst oftmals gar nicht mehr weiß, was man eigentlich will. Genauso ist es mit dem Kinderbekommen – da man meint, es tun zu müssen, tut man es eben, ohne sich viele Gedanken darüber zu machen, ob man das wirklich will bzw. zu welchem Zeitpunkt man es möchte. Es kann aber auch genau andersherum sein – Du würdest gern ein Kind haben, aber die Karriere erlaubt es Dir nicht oder Dein Partner möchte es nicht. Auch so kann Lenkung aussehen. Wie Du Dich entscheidest, hängt immer davon ab, wovon Du am meisten gelenkt wirst.

Hat man dann ein Kind bzw. Kinder, reden wieder alle rein – angefangen dabei, dass in den überwiegenden Fällen immer noch die Mutter zu Hause bleibt und der Vater arbeiten geht, bis hin zu den Einzelheiten der Erziehung des Kindes. Und so wächst das Kind bereits in ein gelenktes Leben hinein. Wenn Du Kinder hast, solltest Du darauf achten, sie von Anfang an zu selbstbestimmten Menschen zu machen und wirklich für ihr Wohlbefinden zu sorgen, anstatt allgemein verbreitete und teils archaische Erziehungsmethoden zu verwenden. Es gibt gute Bücher über respektvolle Kindererziehung und Selbstbewusstsein für Kinder – nutze lieber diese, anstatt Dich von den Meinungen Deines Umfeldes oder der anderen Eltern auf dem Spielplatz lenken zu lassen. Jetzt aber zurück zu Dir.

Über Deine Partnerschaft, Familienplanung (sofern nicht bereits geschehen) und sonstige private Kontakte solltest nur Du ganz allein entscheiden, denn nur Du selbst kannst wissen, was (oder wer) Dich glücklich macht. Lass Dich auch bei Freundschaften nicht von außen beeinflussen – der Trend geht allgemein zu großen Freundeskreisen, denn dadurch zeigt man wie bei Besitztümern vermeintlich, wie viel man wert ist. Der Großteil der Freundschaften ist oberflächlich, man kennt sich kaum und trifft sich höchstens auf Partys oder zum Kaffeetrinken, während merkwürdigerweise alle schon etwas vorhaben oder unpässlich sind, wenn man mal Hilfe braucht oder sich etwas von der Seele reden muss. Aber Kommentare zum Aussehen, zum Job, zum Geld, zum Privatleben und zu vielem mehr, das sie nichts angeht, geben die Personen fleißig ab und man hört auch noch auf sie und verbiegt sich, um ihnen zu gefallen. Gegebenenfalls verstößt man sogar gegen seine eigenen Ideale, indem man zum Beispiel auf den beliebten Grillpartys weiter Fleisch isst, obwohl man Vegetarier werden möchte, oder indem man über andere lästert, obwohl man eigentlich jeden respektieren möchte. Denn man will die „Freunde" ja nicht verlieren. Solche Menschen braucht niemand und es sind auch keine Freunde. Was zählt, sind echte, verlässliche, vertraute und respektvolle Freundschaften, und davon ist eine einzige mehr wert als eine Million andere.

Lass Dich also auch hier nicht verbiegen und gib Dich nur mit Menschen ab, die Dir wirklich guttun. Bedenke dabei aber auch, dass Du ein ebenso guter Freund oder Partner sein musst, denn nur durch Gegenseitigkeit entsteht eine wirklich gute Beziehung oder Freundschaft.

SELBST DIE ERHOLUNG WIRD GELENKT – FREIZEITGESTALTUNG, UM DAZUZUGEHÖREN

Freizeit sollte eigentlich Erholung sein, Erholung für Dich selbst. In der Freizeit macht man nur das, was man will und was einem Spaß macht. Ist es möglich, selbst dabei gelenkt zu werden? Leider ja. Manche Menschen haben wirklich Hobbys, die sie in der Seele erfüllen und bei denen sie ganz sie selbst sind. Vielleicht gehörst Du dazu, dann hast Du Glück und wahrscheinlich entweder ein gewisses Selbstbewusstsein oder ein Umfeld, das Dich in Deiner freien Entfaltung nicht einengt. Manche andere hingegen glauben lediglich, ein erfüllendes Hobby zu haben, aber in Wirklichkeit haben sie sich dabei genauso beeinflussen lassen wie bei der Wahl ihrer Kleidung oder ihres Handys. „Was hast Du für Hobbys?“, ist eine der ersten Fragen, wenn man neue Kontakte knüpft, sei es im Kollegenkreis, bei der Partnersuche, auf einer Party mit Freunden von Freunden oder in der neuen Nachbarschaft. Und wenn man Verwandte längere Zeit nicht gesehen hat, heißt es ebenfalls: „Na, was machst Du denn jetzt so in Deiner Freizeit?“ Wenn man dann „Origami falten“ oder „Blockflöte spielen“ antworten würde, sähe man sich wohl Unverständnis, Mitleid und Spott ausgesetzt. Etwas Aktives muss es sein, am besten Sport, oder vielleicht auch noch etwas Kreatives, aber dann bitte etwas „Cooles“ oder aber das, was die meisten tun – PC-Spiele spielen zum Beispiel. Du musst Dich in Deiner Freizeit mit etwas beschäftigen, das alle mögen, oder etwas machen, das sie sich nicht zutrauen würden. Mit anderen Worten: Du musst wie die anderen sein, oder Du musst so sein, wie sie gern wären – auf jeden Fall aber wie sie. Das gilt auch beim Urlaub, bei Unternehmungen und Partys – dazugehören oder besser sein, das ist immer die Devise.

Aber auf jeden Fall musst Du zeigen und erzählen, was Du alles Tolles erlebt hast. Wettstreit gilt hier genau wie bei allem anderen.

Dafür reicht es aber nicht mehr, wenn Du hinterher darüber berichtest, sondern Du musst am besten live Fotos und Videos in sozialen Netzwerken mit anderen teilen. Ohne Medien geht es sowieso nicht. Um dazuzugehören, muss man unbedingt die neuesten Filme und Serien verfolgen, den Promis auf Internet-Plattformen folgen und sich mit (Pseudo-) Freunden in Social-Media-Kanälen und Chatrooms vernetzen.

Muss man das? **Nein**, vielmehr sollte man seine Einstellung und gegebenenfalls auch einen Teil seines Freundeskreises wechseln, wenn man denkt, dass man das muss. Das Leben findet nicht auf Displays statt und das Fernsehen, Chatten, „Daddeln" und „Liken" bringt Dich selbst in keiner Weise weiter. Im Gegenteil: Du verlierst den Kontakt zu Dir selbst, indem Du Dein Gehirn ständig mit Fremdeinflüssen zuknallst, und verpasst einen geraumen Teil Deiner Lebenszeit. Angeblich soll es entspannen, vor Mediengeräten „abzuhängen", doch genau das Gegenteil ist der Fall. Es macht innerlich unruhig und unzufrieden, denn es ist nicht das echte, eigene Leben. Und doch tun wir es alle, oder jedenfalls viele von uns, denn schließlich „machen es ja alle so" und man wird angeguckt wie ein Außerirdischer, wenn man sich von dem ganzen medialen Zirkus abgrenzt. Na und, dann ist man eben ein Außerirdischer – Hauptsache, man ist frei und lebt sein eigenes Leben.

GEFANGEN IM NETZ DER ANPASSUNG

Jetzt wird es ein wenig komplexer. Du wirst nämlich nicht nur durch die allgemeinen Normen und Ansprüche der Gesellschaft gelenkt, sondern es gibt viele weitere Faktoren, die Dich in Deiner Lebensart und Deiner Persönlichkeit beeinflussen. Teils resultieren sie wiederum aus gesellschaftlichen Ansichten, teils aber auch aus dem eigenen Umfeld. In letzterem Fall können sie entweder mit den gesellschaftlichen Normen übereinstimmen oder ihnen widersprechen, und die Meinungen verschiedener Personen können sich natürlich auch widersprechen. Meist geben die Personen nur das wieder, von dem sie entweder selbst überzeugt sind oder von dem sie denken, dass es von der Gesellschaft so erwünscht ist. Es gibt aber auch Menschen, die Dich absichtlich in eine bestimmte Richtung lenken, damit sie Dich genau da haben, wo sie Dich haben wollen, um selbst besser dazustehen, Dich auszunutzen oder Dich an sie zu binden. Du befindest Dich also in einem großen, kaum überschaubaren Geflecht der bewussten und unbewussten Manipulation.

Allgemein werden zum Beispiel Ansprüche an das Verhalten je nach Alter und Geschlecht gestellt, die teils von Personen derselben Gruppe ausgehen, aber oft auch von den anderen. Als Jugendlicher ist es beispielsweise „uncool", nicht jedes Wochenende auf Partys zu gehen, während es im gehobenen Alter „peinlich" ist, noch um die Häuser zu ziehen. Genauso uncool ist man als Jugendlicher, wenn man nicht mit der Mode geht oder keine moderne Musik hört. Als Senior muss man jedoch beigefarbene Jacken und Bundfaltenhosen tragen und Schlager hören. Wer sich anders verhält als die anderen, wird nicht nur von Menschen gleichen Alters, sondern auch von denen aus anderen Altersgruppen kritisch beäugt. Ebenso ergeht es einem Mädchen, das mit Autos spielen will, einem Jungen, der mit Puppen spielen möchte, einem Mann, der sich schminkt, oder einer Frau, die gern ungeschminkt, mit kurzen Haaren und Männerkleidung herumläuft.

Bei alters- und geschlechtstypischem Verhalten kommt es aber wiederum auch auf das persönliche Umfeld an. Wenn man Glück hat, hat man Freunde oder Verwandte, die die eigenen Vorlieben verstehen oder sogar teilen. Dann lässt man sich von den Ansichten Außenstehender wahrscheinlich nicht so stark lenken. Es kann aber auch sein, dass es im persönlichen oder beruflichen Umfeld Menschen gibt, die extreme Vorurteile haben und einen insofern stark in die Richtung drängen, in die man eigentlich nicht will. Unter Umständen sind diese Vorurteile sogar weit stärker als die allgemeinen Ansichten der Gesellschaft, die sich heutzutage zum Glück schon etwas gelockert haben, sodass man sich in einer relativ freien Welt in ein sehr unfreies Dasein manövrieren lässt. Je näher man den Personen steht, je mehr sie sind oder je größeren tatsächlichen Einfluss sie auf das eigene Leben haben, desto leichter lässt man sich von ihnen lenken. Schreibt Dein Chef Dir zum Beispiel eine bestimmte Frisur vor, kritisiert Dein Partner Deinen Kleidungsstil oder hört Dein gesamter Freundeskreis andere Musik als Du, passt Du Dich mit großer Wahrscheinlichkeit an. Es kann aber auch sein, dass Du Dich durch die schiefen Blicke vieler Fremder auf der Straße lenken und verbiegen lässt, obwohl Du ein paar Freunde hast, die Dich akzeptieren, wie Du eigentlich bist.

Weitere Faktoren, die Dich beeinflussen, sind der Familienstand, der Beruf, die Wohnumgebung sowie das soziale und kulturelle Umfeld. Einige Beispiele: Als Single musst Du auf Partys gehen, Dich viel mit Freunden treffen und viel unternehmen, denn Du musst ja einen Partner suchen oder zumindest Dein freies Leben genießen. Als Paar verbringt man viel Zeit zu zweit, bleibt auch mal zu Hause für sich, veranstaltet Pärchenabende, macht vieles gemeinsam und schließt dafür Kompromisse. Aber man muss sich natürlich auch öffentlich zeigen, Händchen haltend durch die Straßen gehen und sich in der Einkaufspassage küssen, damit alle wissen, wie glücklich man ist. Fehlen dürfen selbstverständlich auch nicht die Pärchenbilder auf dem WhatsApp-Status. Als Anwalt erwartet man von Dir, dass Du immer seriös auftrittst, als Lehrer musst Du alles wissen und als Bauarbeiter denkt man von Dir, dass Du ungehobelt bist und schon nachmittags Bier trinkst. Bei den Berufen gibt es wiederum auch Geschlechtervorurteile – eine Frau hat als Ingenieurin zum Beispiel einen schlechten Stand, während ein Mann beispielsweise als Kindergärtner belächelt wird. Durch Vorurteile seitens der Eltern, der Freunde oder des sonstigen Umfelds werden immer noch viele junge Menschen von ihren eigentlichen Berufswünschen abgehalten.

In der Wohnumgebung gelten oft ebenfalls bestimmte ungeschriebene Regeln, zum Beispiel muss man den Rasen kurz halten und „Unkraut" jäten, die Fenster müssen geputzt sein und die Rollos gerade hängen, man darf keine andere politische Meinung haben und sich auch in sonstiger Weise nicht anders verhalten als die anderen. Und man muss sich in die Nachbarschaft „einbringen", also mit den Menschen, die man vielleicht gar nicht mag, höflich kommunizieren und mancherorts an Nachbarschaftstreffen teilnehmen bzw. sie veranstalten. Die eigenen Kinder sollten möglichst mit den Nachbarskindern spielen und man selbst trifft sich natürlich auch unter Müttern oder unter Vätern (weniger jedoch in gemischten Runden). Je nachdem, in welchem Wohngebiet Du lebst, gelten natürlich unterschiedliche Regeln und nicht überall gibt es überhaupt allgemeine Normen. Überall wirst Du aber mindestens eine Person vorfinden, die möchte, dass sich die anderen ihren Wünschen anpassen.

Abhängig davon, wie begabt oder unbegabt diese Person im Manipulieren ist, ist das entweder nur nervig oder sie schafft es, andere wirklich zu verbiegen. Wenn sich zum Beispiel immer wieder jemand beschwert, dass Du nach 20 Uhr Wäsche machst, wirst Du es vielleicht bald sein lassen, um dem Ärger zu entgehen. So einfach kann Manipulation sein. Das ist zwar ein banales Beispiel, aber es fängt im Kleinen an. Genauso kann es sein, dass ein Nachbar mit anderen darüber redet, was Du für einen seltsamen, unfreundlichen Partner hast, sodass Du daraufhin selbst beginnst, an der Beziehung zu zweifeln, und Dich trennst, obwohl zwischen Euch vorher alles gut war. Es kann aber auch sein, dass Dein Partner ständig darüber murrt, in was für eine komische Nachbarschaft Ihr da gezogen seid, obwohl Du die Leute nett findest, und dass Ihr deswegen unbeliebt werdet oder woanders hinzieht.

In jedem Bereich Deines Lebens wirst Du gelenkt, und zwar nicht nur durch eine Ansicht, sondern durch viele. Wenn sich die unterschiedlichen Menschen, die versuchen, Dich zu beeinflussen, nicht einig sind, wirst Du nicht nur gelenkt, sondern auch noch verwirrt. Du könntest Dich einfach für Deinen eigenen Weg entscheiden, für den Weg, den Dein Inneres gehen will, aber das tust Du in den seltensten Fällen. Meist entscheidest Du Dich, der Ansicht zu folgen, die am stärksten auf Dich wirkt. Was das ist, kann sehr unterschiedlich sein. In der einen Situation ist es vielleicht eine Meinung, die Du durch die Erziehung von Deinen Eltern übernommen hast, in einem anderen Fall lenkt Dich Deine Angst vor finanzieller Not oder Dein Wunsch nach gesellschaftlicher Anerkennung, dann wieder verbiegst Du Dich aufgrund von abwertenden Bemerkungen Deiner Kollegen, passt Dich an das Verhalten Deines Freundeskreises oder der Nachbarschaft an oder lässt Dich von den Wünschen Deines Partners dirigieren. Was willst Du selbst? Es ist Dein eigenes Leben, nicht das der anderen. Lebe es, finde zu Dir selbst und triff Deine eigenen Entscheidungen.

Test

WIE SEHR WIRST DU DURCH DAS GELENKT, WAS ANDERE VON DIR DENKEN?

Du ahnst nun schon, dass Du wahrscheinlich ein ziemlich ferngesteuertes Leben führst. Aber wie verbogen bist Du wirklich? Finde es jetzt heraus, indem Du die folgenden 15 Fragen beantwortest. Du darfst immer nur eine Antwort auswählen und musst absolut ehrlich sein, auch wenn Du Dir denken kannst, welche Antwort die beste ist. Wenn keine der Möglichkeiten ganz genau passt, wähle die, die Deinem Verhalten am ehesten entspricht. Vielleicht hast Du die eine oder andere der beschriebenen Situationen wirklich schon mal erlebt, oder zumindest eine ähnliche, aber möglicherweise musst Du auch Deine Vorstellungskraft aktivieren. Nimm Dir Zeit und versetze Dich tief in die Situationen hinein, erlebe sie vor Deinem geistigen Auge und fühle, wie Du dort bist. Dann entscheide, wie Du Dich verhalten würdest. Viel Spaß!

Frage 1

Du gehst am frühen Abend einkaufen, der Laden ist sehr voll, aber Dein Einkaufskorb ziemlich leer. Du hast nur das Nötigste hineingelegt, was Du eben dringend brauchst. Die Wartezeit an der Kasse ist lang. Es breitet sich schon allgemeine Unruhe in der Schlange aus, weil es kaum vorangeht. Dir selbst macht das Warten nichts aus. Jetzt wirst Du zum Bezahlen aufgefordert, der Preis ist 13,16 Euro. Beim Blick ins Portemonnaie siehst Du, dass Du einen 20-Euro-Schein, einen Fünf-Euro-Schein und viele Münzen hast. Du möchtest die 20 Euro noch nicht anbrauchen, denn es ist Dein letzter größerer Schein für diesen Monat. Unter dem Kleingeld befinden sich einige Zwei- und Ein-Euro-Stücke, mehr als genug, um zusammen mit dem Fünf-Euro-Schein den Preis zu bezahlen, sowie etliche kleinere Münzen. Aber Du müsstest natürlich das Kleingeld herauskramen und zählen. Die Leute gucken schon genervt und machen ungeduldige Geräusche, die an eine Mischung aus Grunzen und Knurren erinnern. **Was tust Du?**

a) Du bezahlst mit dem 20-Euro-Schein, denn Du möchtest Dich nicht dem Unmut der Meute aussetzen.

b) Du zählst ruhig und konzentriert Dein Kleingeld und bezahlst genau passend. Dass die Leute hinter Dir mit den Hufen scharren, fällt Dir kaum auf. Dann verabschiedest Du Dich freundlich, lächelst in die Runde und wünschst allen einen geruhsamen Feierabend.

c) Die Situation ist Dir unangenehm, aber Du möchtest an Deinem Plan, mit dem Fünf-Euro-Schein und Münzen zu bezahlen, festhalten. Nervös fummelst Du in Deinem Kleingeldfach herum, verzählst Dich ein paarmal und gibst dem Kassierer dann 15 Euro, bestehend aus dem Fünfer, vier Zwei-Euro-Münzen und zwei Ein-Euro-Münzen. Das Wechselgeld steckst Du hastig ins Kleingeldfach des Portemonnaies, wobei Dir ein paar kleine Münzen herunterfallen. Statt sie aufzuheben, verlässt Du schnell mit gesenktem Blick den Laden.

Frage 2

Du hast ein Date mit jemandem, den Du letzte Woche auf einer Party kennengelernt hast. Ihr habt Euch spontan gut verstanden und die Person gefällt Dir wirklich gut. Nach langer Zeit des Single-Daseins hoffst Du, nun vielleicht endlich wieder eine glückliche Beziehung beginnen zu können. Du bist schon am Morgen sehr aufgeregt und überlegst Dir, wie das Date wohl verlaufen wird. Ob Ihr Euch wirklich so gut versteht? Eigentlich weißt Du noch gar nichts über die Person. Dann blickst Du in den Spiegel, nur so im Vorbeigehen. Doch was ist das? Du schaust genauer hin. Das darf doch nicht wahr sein... Du hast einen großen, roten Pickel mitten im Gesicht. Ausgerechnet heute. **Was machst Du nun?**

a) Du sagst das Date ab. So kannst Du da unmöglich hingehen, dann wäre die Beziehung bestimmt schon vorbei, bevor sie überhaupt begonnen hat.

b) Nicht schön, aber es ist, wie es ist. Vielleicht ist es Schicksal, denkst Du. Wenn die Person sich daran stört, dass Du einen Pickel hast, ist sie sehr oberflächlich und Du würdest ganz sicher nicht mit ihr glücklich werden. Du gehst also hin, ohne Dich um den Pickel zu kümmern und ohne Dich davon verunsichern zu lassen.

c) Du kaufst Dir schnell noch etwas, um den Pickel unschädlich zu machen, und sicherheitshalber auch etwas zum Abdecken, falls er trotz Bearbeitung bleiben möchte. Natürlich bleibt er. Und das Zeug zum Abdecken kaschiert auch nur mäßig. Du gehst trotzdem zum Date, mit einem unguten Gefühl allerdings, und hast den ganzen Abend den Eindruck, dass Dein Schwarm auf den Pickel starrt.

Frage 3

Du bekommst eine Einladung von einem Freund aus alten Zeiten. Ihr wart nicht extrem gut befreundet, aber habt öfters etwas zusammen unternommen und Euch ziemlich gut verstanden. In den letzten zehn Jahren hattet Ihr aber keinerlei Kontakt. Du freust Dich, dass er sich noch an Dich erinnert und Dich sogar zu sich einlädt. Er feiert seinen Geburtstag. Du hoffst, dass vielleicht noch ein paar andere alte Freunde eingeladen sind. Doch als Du ankommst, sind da nur Fremde, die aber mit Deinem früheren Freund gut befreundet zu sein scheinen. Nun gut, dann erweiterst Du eben Deinen Bekanntenkreis, schadet ja auch nichts. Anfangs ist die Stimmung noch locker, doch dann kommt das Gespräch auf ein politisches Thema. Alle sind sich einig – alle, bis auf Dich. Dein alter Freund und seine neuen Freunde haben politische Ansichten, die genau das Gegenteil von Deinen sind. **Wie reagierst Du jetzt?**

a) Du tust so, als ob Du ihre Meinung teilst, und redest entsprechend mit. Du möchtest nicht als Einziger eine andere Ansicht vertreten, das wäre Dir zu heikel und außerdem möchtest Du Dir nicht die Freundschaft verderben.

b) Dir ist klar, dass diese Menschen keine Freunde für Dich sind. Ihr habt nichts gemeinsam. Du siehst daher keine Veranlassung, zu bleiben. Du entschuldigst Dich höflich unter einem Vorwand, denn die Stimmung auf dem Geburtstag möchtest Du nicht verderben, und verlässt die Party. Wenn Dein alter Freund Dich nochmal kontaktiert oder einlädt, bleibst Du höflich, aber gehst nicht darauf ein. Nach einiger Zeit wird er von selbst merken, dass Du kein Interesse an dem Kontakt hast, und Dich in Ruhe lassen.

c) Dir ist sehr unwohl zumute. Eigentlich kannst Du es vor Dir selbst nicht vertreten, mit diesen Leuten zusammenzusitzen. Aber gehen möchtest Du auch nicht, es ist immerhin der Geburtstag Deines alten Freundes und es ist auch unangenehm, frühzeitig von einer Party zu verschwinden. Also bleibst Du und hörst Dir das Gespräch an, beteiligst Dich jedoch selbst nicht, sondern guckst nur freundlich und interessiert. Wenn jemand fragt, was Du zu dem Thema denkst, sagst Du, dass Du von Politik keine Ahnung hast.

Frage 4

Du gehst mit drei Freunden ins Kino. Ihr schaut Euch einen neuen Film an, der gut sein soll. Die Schauspieler sind bekannt, die Handlung ist spannend und ein wenig humorvoll. So zumindest sieht es die Presse. Du selbst kennst die Schauspieler nicht und musst Dich die ganze Zeit bemühen, nicht einzuschlafen. Die Stellen, die humorvoll sein sollen, kannst Du nur daran identifizieren, dass die anderen im Kino lachen. Nach dem Film verlässt Du mit Deinen Freunden zusammen das Kino. Einer sagt: „Das war ja ein megageiler Film! Hat er Euch auch so gut gefallen?" **Was antwortest Du?**

a) Du nickst begeistert und sagst: „Ja, echt cool, so einen tollen Film habe ich schon lange nicht mehr gesehen!"

b) Du sagst ehrlich, dass Du den Film nicht gut gefunden hast, aber dass Geschmäcker eben verschieden sind und Du Dich freust, dass die anderen gut unterhalten wurden.

c) Du zögerst und wartest erst einmal, dass die anderen beiden antworten. Du weißt, dass sie den Film auch gut fanden, da sie ihn mit Spannung verfolgt und gelacht haben. Sie werden sicher etwas Positives sagen. Du sagst dann einfach: „Ja, fand ich auch."

Frage 5

Es ist Freitag, Du freust Dich schon auf das Wochenende. Das Wetter ist schön und Du hast schon Pläne. Gleich heute nach der Arbeit möchtest Du Dein Kanu auf Dein Auto schnallen, Dir Campingsachen und Proviant einpacken, und dann genießt Du das ganze Wochenende in der Natur. Freitags hast Du schon um 14 Uhr Feierabend, es warten also zweieinhalb wundervolle Tage auf Dich. Um 13:30 Uhr kommt Dein Chef herein. Er fuchtelt wild mit den Händen und redet aufgebracht. Du kannst ihn kaum verstehen, aber zumindest scheinst Du nicht schuld zu sein. Ein Kollege musste früher nach Hause, weil sein Kind krank ist. Aber seine Arbeit hätte dringend noch heute erledigt werden müssen, muss sie auch immer noch. Nun sucht der Chef jemanden, der das übernimmt, und hat anscheinend Dich dazu auserkoren. Du hast selbst noch etwas zu tun, das ebenfalls erledigt werden muss und Dich sicher bis 14 Uhr beansprucht. Das heißt, Du müsstest Überstunden machen. Schon wieder. Du hast bereits etliche Überstunden in diesem Monat gemacht und Dich so sehr auf Dein erholsames Wochenende gefreut. **Was tust Du jetzt?**

a) Du sagst Deinem Chef voller gespieltem Elan, dass Du die Arbeit des Kollegen natürlich machen wirst, und nimmst in Kauf, Deinen freien Nachmittag zu verlieren. Schließlich möchtest Du ja beim Chef einen guten Eindruck machen.

b) Du erklärst Deinem Chef freundlich, aber bestimmt, dass Du für diesen Monat bereits mehr als genug Überstunden gemacht hast und Deine Erholung dringend benötigst. Es sind schließlich auch noch andere Kollegen da und es kann nicht sein, dass Du immer derjenige bist, der zusätzliche Arbeit erledigen soll.

c) Du weist den Chef darauf hin, dass Du gleich Feierabend hast und Dir schon etwas für den Nachmittag vorgenommen hast, aber willigst dann doch ein, die Arbeit zu erledigen.

Frage 6

Du willst mit Deinem Partner essen gehen, in ein angesagtes, nicht allzu billiges Restaurant. Dein Partner hat das Lokal gewählt, Du kennst es nicht. Normalerweise gehst Du lieber in einfache Restaurants oder bestellst Dir etwas. Aber warum nicht mal etwas Neues ausprobieren. Du machst Dich frisch und ziehst Dir etwas an, allerdings ganz normale Sachen. Eine frisch gewaschene Jeans und einen leichten Pullover, dazu Deine neuen Sneakers. Du findest, dass Du gut aussiehst. Vor der Haustür wartet Dein Partner auf Dich, um Dich abzuholen. Er empfängt Dich mit erschrecktem Gesicht. „So willst Du ins Restaurant gehen?!" Da fällt Dir erst auf, dass er aussieht, wie für einen feierlichen Empfang ausstaffiert. Er möchte, dass Du Dir etwas „Ordentliches" anziehst, ansonsten könne er nicht mit Dir in dieses Restaurant gehen. **Wie reagierst Du?**

a) *Du läufst schnell wieder in Deine Wohnung, durchwühlst Deinen Kleiderschrank und findest die Sachen, die Du bei der Konfirmation Deines Neffen getragen hast. Du passt sogar noch hinein. Dein Partner ist begeistert: „Na, geht doch!"*

b) *Du fragst Deinen Partner, ob bei ihm noch alles ganz richtig ist, und erklärst ihm, dass Du entweder so essen gehst, wie Du bist, oder gar nicht. Wenn es ihm nicht passt, gehst Du eben allein in ein Restaurant Deiner Wahl oder bleibst gemütlich zu Hause. Bei der Gelegenheit denkst Du darüber nach, ob ein Partner, der Dir Kleidungsvorschriften macht, wirklich der richtige für Dich ist.*

c) *Du fragst Deinen Partner, warum Du denn nicht in dieser Kleidung essen gehen kannst, und hörst Dir seine Erklärung an – in so einem schicken Restaurant müsse man doch gut aussehen, was sollten denn sonst die Leute denken, vielleicht würdet Ihr nicht einmal bedient werden und so weiter. Zähneknirschend gehst Du in Deine Wohnung zurück, suchst nach etwas „Passablem" und fühlst Dich den Abend über unwohl.*

Frage 7

Du bist mit dem Auto in der Stadt unterwegs, es ist kurz vor Weihnachten und Du musst noch ein paar Besorgungen machen. Eigentlich war es klar – die Straßen sind verstopft und alle Parkplätze belegt. Ewig kurvst Du herum, der Tank ist bald leer. Aber Du willst nicht aufgeben, irgendwo ist sicher ein Parkplatz. Da ist tatsächlich einer, endlich. Freudig und zielstrebig fährst Du drauflos. Dabei nimmst Du Augenmaß – oh nein, der sieht sehr schmal aus. Einparken war noch nie Dein Ding. Rückwärts würdest Du bestimmt besser reinkommen. Aber rückwärts einparken ist noch weniger Dein Ding. Um Dich herum sind viele andere Autofahrer, die alle sicher ebenso genervt von der Verkehrssituation sind wie Du. **Was machst Du nun?**

a) Du verzichtest auf den Parkplatz und suchst weiter nach einem, der breiter ist oder wo Du unbeobachtet bist. Die Peinlichkeit, vor all den fremden Augen herumzurangieren, möchtest Du Dir nicht geben.

b) Du parkst in Ruhe ein und lässt Dich weder vom Hupen noch vom Fluchen oder Lachen der anderen Autofahrer und Passanten stören. Es ist Dein gutes Recht, da zu parken, und Talente sind eben unterschiedlich verteilt. Dafür können die anderen sicher etwas nicht, das Du gut kannst.

c) Du probierst ein paarmal, in die Parklücke zu kommen, läufst dabei hochrot an und gibst es dann auf.

Frage 8

Du bist zum Klassentreffen Deiner Abschlussklasse eingeladen. Zehn Jahre ist es her, dass Ihr Euch nicht mehr gesehen habt. Du hast zu Deinen ehemaligen Mitschülern keinen Kontakt, Ihr seid alle in verschiedene Städte gezogen und hattet schon damals privat nicht viel miteinander zu tun. Aber Ihr habt Euch in der Schule verstanden und wart eine harmonische Klasse. Die meisten Deiner Mitschüler hatten schon damals Pläne, was sie beruflich machen wollten. Es ging alles in Bereiche, in denen man viel Geld verdienen kann. Du hast schon damals gern gemalt und gezeichnet, und zwar wirklich gut, das haben Dir auch Deine Lehrer bestätigt. Zu einem Kunststudium konntest Du Dich trotzdem nicht durchringen, stattdessen hast Du auf Anraten Deiner Verwandtschaft ein Designstudium begonnen, aber das war Dir zu langweilig und daher hast Du es abgebrochen. Seitdem bist Du als freier Künstler tätig und hast hin und wieder sogar kleine Ausstellungen, aber bist nicht bekannt und verdienst so gut wie gar nichts durch Deine Kunst. So musst Du als Kellner jobben, um Dein Leben zu finanzieren. Du bist eigentlich nicht unzufrieden, aber jetzt kommt dieses Klassentreffen. Sicher erzählen alle von ihren Berufen und davon, wie viel Geld sie damit verdienen, und bestimmt wollen sie auch von Dir wissen, was Du machst. **Was tust Du nun?**

a) Du gehst zu dem Klassentreffen und erzählst allen, dass Du ein sehr gefragter Designer bist und dadurch viel Geld verdienst.

b) Du erzählst auf dem Treffen ganz offen die Wahrheit über Dich, Deine Kunst und Dein Leben. Es gibt schließlich keinen Grund, um Dich zu schämen. Im Gegenteil, Du bist stolz darauf, Dich für diesen Weg entschieden zu haben und trotz schwieriger Umstände an Deinem Traum festzuhalten. Sicher werden einige Deiner Mitschüler das nicht verstehen, Dich vielleicht sogar belächeln, aber das ist Dir egal.

c) Du sagst ab, da Du Dich auf dem Klassentreffen nicht wohlfühlen würdest.

Frage 9

Du lebst mit Deiner Familie seit Kurzem in einem kleinen Reihenhaus. Zu dem Haus gehört auch ein Garten. Dieser ist ebenfalls relativ klein, aber groß genug, um daraus eine Naturoase zu machen. Drei größere Bäume gab es schon, die Vorbesitzer waren auch naturbewusst eingestellt. Die Bäume befinden sich auf einer Rasenfläche, die sich über den ganzen Garten erstreckt. Ihr pflanzt noch ein paar kleine Bäume und Sträucher dazu, es sind auch Obstgehölze dabei, Ihr möchtet gern Euer eigenes Bio-Obst ernten. Den Rasen lasst Ihr zu einer Wildwiese werden, mit hohem Gras und vielen schönen Wildblumen. So habt Ihr die Natur direkt vor der Haustür und tut vielen Insekten, Vögeln und anderen kleinen Tieren etwas Gutes. Eure Nachbarn links und rechts teilen Eure Liebe zur Natur leider nicht. Das ältere Ehepaar links besitzt eine kahle Golfplatz-Rasenfläche, die alle drei Tage gemäht wird. Die Familie rechts hat immerhin einen einzigen Baum auf ihrer ebenfalls im Millimeter-Haarschnitt frisierten Rasenfläche. Nach kurzer Zeit Eures Natur-Glücks sprechen Dich erst die Nachbarn von links und dann auch die von rechts an. Ob Euer Rasenmäher kaputt sei, das sehe ja fürchterlich bei Euch aus. Man würde Euch auch einen Mäher leihen. Das Unkraut würde sich ja sonst überall verteilen. Und was da alles für Getier ankommen könnte, nicht auszudenken. Es sei doch eine ordentliche, gepflegte Siedlung. **Wie reagierst Du?**

a) Schuldbewusst nimmst Du das Angebot, dass Dir ein Rasenmäher geliehen wird, an und verwandelst die schöne Naturwiese in einen Golfplatz. Dann fragst Du die Nachbarn, ob sie sich am Schatten der Bäume und Sträucher stören. Wenn ja, fällst Du sie. Anschließend lädst Du alle zu einer Grillparty ein. Auf gute, ordentliche Nachbarschaft.

b) Du erklärst den Nachbarn, dass Ihr die Naturwiese absichtlich angelegt habt und dass es sich bei den Blumen um kein Unkraut handelt, sondern um bienenfreundliche Pflanzen, mit denen Ihr der geplagten Natur etwas Gutes tun wollt. Außerdem erklärst Du, dass die Natur wichtig für uns alle ist und es Euer gutes Recht ist, Euren Garten so zu gestalten, wie Ihr möchtet.

c) Du sagst Deinen Nachbarn, dass Du Deinem Kind mit dem Garten eine Freude machen wolltest und dass Du Dich darum kümmern wirst, dass er bald ordentlich aussieht. Anschließend grübelst Du, was besser ist – ein Golfplatz-Rasen oder ein Umzug.

Frage 10

Freunde von Dir haben die Idee, eine Strandparty zu veranstalten. Der Ort ist ein nahegelegener ruhiger See mitten im Grünen. Es ist Sommer, Du liebst die freie Natur, also nimmst Du die Einladung sehr gern an. Bei der Party ist die Stimmung lustig und harmonisch. Einer der Freunde hat seine Gitarre mit und ihr singt zusammen. Ein fast perfekter Abend. Je später es wird, desto mehr wird aber auch getrunken. Ihr seid alle mit Fahrrädern da, also ist das an sich unproblematisch. Du hältst Dich trotzdem mit dem Alkohol zurück. Um ein Uhr verabschieden sich die ersten zwei Freunde, Du bleibst mit drei anderen zurück. Ebenfalls bleiben Flaschen, Dosen, Plastikbecher und Chipstüten zurück. Die drei Freunde, die mit Dir noch da sind, machen sich auch zum Aufbruch bereit, ohne Anstalten zu machen, vorher den Müll einzusammeln. **Was tust Du nun?**

a) Du fährst mit Deinen Freunden los und lässt den Müll liegen.

b) Du machst die drei Freunde darauf aufmerksam, dass Ihr erst den Müll einsammeln müsst, bevor Ihr wegfahrt. Ob sie widersprechen oder sich über Dich lustig machen, ist Dir egal, die Umwelt ist wichtiger.

c) Du sammelst schnell und möglichst unauffällig so viel ein, wie Du greifen und in Deiner Tasche verstauen kannst. Dann schwingst Du Dich aufs Rad und fährst mit Deinen Freunden zusammen los, während der Rest des Mülls am See bleibt.

Frage 11

Du bist auf dem Weg zu Deinem Bruder, Ihr habt Euch längere Zeit nicht gesehen und an diesem Wochenende endlich mal wieder Zeit, um Euch zu treffen. Er wohnt in einer weiter entfernten Stadt. Du fährst mit Deinem Auto hin, da die Bahnverbindung sehr umständlich wäre. Ein wenig Sorge hast Du, ob Dein altes „Schätzchen" die lange Fahrt übersteht. Dein Auto ist wirklich sehr alt und das sieht und hört man ihm auch an. Außerdem ist es sehr klein, dadurch jedoch auch sparsam im Verbrauch. Es war Dir bisher immer treu und so bringt es Dich auch diesmal zuverlässig an Dein Ziel. Als Du bei Deinem Bruder ankommst, empfängt er Dich schon auf der Straße. Nach einem freudigen „Hallo" kommt direkt der Spott. „Sag bloß, Du fährst diese vorsintflutliche Nussschale immer noch? Wie hast Du es mit dem Schrotthaufen überhaupt bis hierher geschafft? Kannst Du Dir kein richtiges Auto leisten?" Er lacht, legt seinen Arm um Deine Schultern und fügt an: „Komm, wir machen jetzt mal 'ne Spritztour mit meinem neuen Wagen. Damit Du mal siehst, wie Autofahren sich anfühlen kann!" Er führt Dich zu seinem übergroßen SUV einer teuren Marke. **Wie reagierst Du?**

a) Du schämst Dich für Deinen alten „Schrotthaufen" und steigst begeistert in den SUV, genießt die Fahrt und lässt Dich von Deinem Bruder beraten, was für ein Auto Du Dir kaufen solltest. Gleich, wenn Du wieder zu Hause bist, wirst Du Dir im naheliegenden Autohaus ein schickes, großes Auto aussuchen.

b) Du erklärst Deinem Bruder, dass Du mit Deinem Auto sehr zufrieden bist und nicht vorhast, Dir ein anderes Auto zu kaufen. Außerdem sagst Du ihm, dass Du nicht dort bist, um mit seinem Auto sinnlos durch die Straßen zu fahren, sondern damit Ihr Euch unterhalten könnt.

c) Du guckst betreten und weißt nicht recht, was Du sagen sollst. Du liebst doch eigentlich Dein Auto und möchtest gar nicht so einen großen, teuren Spritfresser haben. Aber der Spott Deines Bruders nagt an Dir. Vielleicht solltest Du es Dir doch mal überlegen, eine kleine Spritztour kann ja nicht schaden...

Frage 12

Du verstehst Dich gut mit Deinen Kollegen und Ihr habt insgesamt ein harmonisches Betriebsklima. Doch seit der neue Mitarbeiter bei Euch angefangen hat, ist es nicht mehr wie vorher. Er selbst scheint okay zu sein, Du hast ihn eingearbeitet und Ihr habt Euch gut verstanden. Aber zwischen den anderen Kollegen und ihm stimmt die Chemie anscheinend nicht. Deine Kollegen sprechen nicht mit ihm und ignorieren ihn, wenn er etwas zu ihnen sagt. Sie kichern auch mit Blicken auf ihn, rollen mit den Augen und äffen ihn nach. Wenn er nicht im Raum ist, lästern sie offen über ihn. **Wie verhältst Du Dich?**

a) Du kicherst auch, tauschst mit den Kollegen augenrollende Blicke aus und lästerst mit. Ihr seid schließlich das alteingesessene Team, Ihr müsst gegen den Neuling zusammenhalten.

b) Du beteiligst Dich nicht an dem Mobbing, sondern sprichst Deine Kollegen auf ihr Verhalten an und erklärst ihnen, dass man jeden Menschen so respektvoll behandeln muss, wie man selbst auch behandelt werden möchte. Ob Du daraufhin selbst gemobbt wirst, ist Dir gleichgültig.

c) Du machst nicht bei dem Mobbing mit, aber unternimmst auch nichts dagegen. Du weißt zwar, dass das Verhalten der Kollegen nicht in Ordnung ist, aber möchtest es Dir nicht mit ihnen verderben.

Frage 13

Du singst leidenschaftlich gern und auch nicht schlecht. Für einen Star reicht das Talent wahrscheinlich nicht, aber Du triffst die Töne und vor allem genießt Du es. Du wohnst in einem Mehrfamilienhaus und verstehst Dich mit Deinen Nachbarn gut. Glaubst Du jedenfalls. Als Du heute zu Musik in gemäßigter Lautstärke inbrünstig mitsingst, hörst Du ein Lachen von nebenan. Du denkst Dir nichts dabei und singst weiter. Das Lachen wiederholt sich, wird lauter und, wie Du findest, aggressiver. Dann ertönt der Ruf: „Ruhe da! Das ist ja fürchterlich!" Du traust Deinen Ohren kaum, aber bist Dir sicher, die Worte richtig verstanden zu haben. Anscheinend stört sich Dein Nachbar an Deinem Gesang. Die Hausruhe störst Du nicht, es ist kurz vor 17 Uhr. **Was machst Du jetzt?**

a) Du hörst auf, zu singen, schaltest die Musik aus, verhältst Dich ganz leise und bemühst Dich in nächster Zeit, Deinem Nachbarn nicht zu begegnen. Das Singen lässt Du sein, außer im Auto.

b) Du ignorierst das Lachen und die Rufe. Da es außerhalb der Ruhezeiten ist, hat Dein Nachbar keine Handhabe, Dir das Singen zu verbieten. Du singst weiter, sogar noch ein bisschen lauter, und findest es ganz und gar nicht fürchterlich.

c) Du singst nicht weiter, lässt aber die Musik laufen und singst im Geiste mit. Es ist Dir peinlich, dass Dein Nachbar Dich gehört hat und Du nach seinem Geschmack anscheinend nicht gut genug singst. Aber aufgeben möchtest Du das Singen deswegen nicht. Du achtest in Zukunft darauf, wann Dein Nachbar aus dem Haus geht, und singst dann. Aber nur kurz, er könnte ja bald wiederkommen.

Frage 14

Du bist in Deinem Job wirklich zufrieden und freust Dich jeden Morgen auf die Arbeit. Das liegt zu einem großen Teil an einem Deiner Kollegen. Er ist sehr freundlich, aufgeschlossen, hilfsbereit und humorvoll. Sobald Du ihn siehst, fühlst Du Dich fröhlich und entspannt. Ihr versteht Euch so gut, dass Ihr Euch auch privat trefft (rein freundschaftlich). Er ist eine echte Vertrauensperson für Dich und Du bist es auch für ihn. Dass er fast 30 Jahre älter ist als Du, stört Eure Freundschaft nicht. Bald ist Silvester und Du möchtest eine Party veranstalten, auf die Du alle Deine Freunde einlädst. Auch Deinen Arbeits-Freund würdest Du gern dabeihaben, zumal er sonst an Silvester ganz allein wäre. Deine anderen Freunde sind jedoch alle in Deinem Alter und Du hast öfters mitbekommen, wie sie über „alte Leute" gelästert haben. **Lädst Du Deinen Arbeits-Freund trotzdem ein oder nicht?**

a) Nein, es wäre Dir zu peinlich vor Deinen gleichaltrigen Freunden. Wie solltest Du erklären, dass Du mit einem so alten Menschen befreundet bist?

b) Du lädst Deinen guten Freund natürlich ein. Es ist Dir egal, wie alt er ist und was die anderen denken. Vorher erzählst Du jedoch Deinen anderen Freunden von ihm, denn Du möchtest nicht, dass sie ihn abwertend behandeln. Wenn sie kein Verständnis für Eure Freundschaft haben, feierst Du mit ihm allein Silvester.

c) Du verzichtest auf die Party, weil Dir die Situation zu heikel ist, und fährst zu Deiner Familie.

Frage 15

Nächste Woche ist ein Betriebsausflug geplant. Dein Chef hat sich etwas ganz Besonderes ausgedacht – ein Survival-Training mitten in der Wildnis, inklusive Laufen über glühende Kohlen und allem Drum und Dran. Zum Abschluss gibt es dann noch ein Bungeespringen. Du bist noch neu in der Firma und hast schon mitbekommen, dass Dein Chef viel Wert auf Disziplin und Unerschrockenheit legt. Bevor Du diesen Job bekommen hast, warst Du lange arbeitslos, und nun freust Du Dich eigentlich, endlich einen Job gefunden zu haben, der auch noch gut bezahlt ist und zu dem Du keine lange Anfahrt hast. Aber Du bist grundsätzlich kein Draufgänger, liebst Deine Gesundheit und hast auch noch Höhenangst. **Wie entscheidest Du Dich**, machst Du bei dem Betriebsausflug mit?

a) Dir ist zwar nicht wohl, aber Du musst ja mitmachen. Dein Chef hat es schließlich so festgelegt und Du willst Deinen Job nicht verlieren. Irgendwie stehst Du das schon durch. Die anderen schaffen es ja auch.

b) Auf keinen Fall. Du sagst Deinem Chef freundlich, aber direkt, dass so eine Art der „Unterhaltung" nichts für Dich ist. Mut heißt schließlich nicht, alles mitzumachen, sondern seine eigenen Entscheidungen zu treffen und dazu zu stehen. Wenn er Dich deswegen feuert, nimmst Du das gelassen hin, denn dann war der Arbeitsplatz nicht der richtige für Dich.

c) Du fragst Deine Kollegen, was sie von der Idee halten, und schließt Dich der Mehrheit an. Wenn die Mehrheit mitfährt und Du somit auch an dem Überlebenstraining teilnimmst, versuchst Du, die Übungen so gut es geht mitzumachen, aber zum Bungeespringen kannst Du Dich nicht überwinden.

Auswertung

- *Überwiegend a:* Du wirst so stark gelenkt, dass Du es kaum noch bemerkst. Du machst alles mit, was andere sagen, und verbiegst Dich nach den Wünschen Deiner Mitmenschen sowie den Ansprüchen der Gesellschaft. Du hast keinen eigenen Willen und keine eigene Meinung, es zählt für Dich nur, was andere über Dich denken. Dein eigenes Ich hast Du anscheinend komplett vergessen. Wach auf! Es kann so nicht weitergehen. Du musst Dein Selbst dringend wiederentdecken und lernen, als eigenständiges Individuum zu leben.

- *Überwiegend b:* Respekt! Du bist schon sehr mutig und weißt, was Du willst. Was andere über Dich denken, ist Dir meist egal, Du machst trotzdem Dein Ding und fühlst Dich gut dabei. Eine Marionette macht aus Dir so schnell keiner. Sei trotzdem auf der Hut, denn es kann schneller gehen, als man denkt, dass man doch manipuliert wird und den Kontakt zu sich selbst verliert. Sei achtsam hinsichtlich Deiner Gedanken, Gefühle und Reaktionen, übe Dich in Gelassenheit und festige Deine innere Stärke.

- *Überwiegend c:* Du bist noch nicht total verbogen und denkst immerhin noch darüber nach, welches Verhalten richtig ist und was Du selbst willst. Dir fehlt jedoch der Mut und oftmals auch der Durchblick, um Dich Deinem Inneren getreu zu entscheiden und das zu tun, was Du selbst möchtest. Daher bemühst Du Dich zwar teilweise, Dich richtig zu verhalten, schaffst es aber meistens nicht, sondern passt Dich an. Du musst den Kontakt zu Deinem Inneren verbessern und Dein Selbstbewusstsein stärken, damit Du endlich so selbstbestimmt leben kannst, wie Du es gern würdest.

Am Anfang steht die Angst

GRÜNDE DER SELBSTENTFREMDUNG

Warum tun wir uns das alles an? Warum verlieren wir uns selbst? Warum leben wir nicht einfach so, wie wir selbst es wollen? Das fragst Du Dich jetzt sicher, nachdem Du gesehen hast, wie stark Du in Deinem Leben verbogen wirst. Und es ist eine gute Frage, der wir jetzt auf den Grund gehen wollen.

GANZ KLEIN FÄNGT ALLES AN

Jeder Mensch kommt als Individuum auf die Welt, hat eine eigene Seele und eine eigene Identität. Unbewusst verhält man sich als ganz kleines Kind noch so, wie man es möchte. Allerdings ist man körperlich und geistig noch zu kaum etwas in der Lage, sodass es einem wenig bringt, dass man noch nicht verbogen ist. Der Kontakt zum eigenen Selbst geht aber nicht von heute auf morgen verloren, sondern es ist ein schleichender Prozess.

Während das Kind sich entwickelt, beobachtet es seine Mitmenschen ganz genau und guckt sich ihr Verhalten ab. Besonders wichtig sind dabei die Eltern als allernächste Bezugspersonen, aber auch alle anderen Menschen werden genau beobachtet. Sofern das Kind sich schon selbst so verhalten kann, macht es vieles gleich nach, auf jeden Fall aber speichert es die Informationen ab. Wenn also zum Beispiel die Eltern bemüht sind, den gesellschaftlichen Normen zu entsprechen, wird das Kind es ihnen wahrscheinlich gleichtun. Es weiß natürlich noch nicht, dass es sich um gesellschaftliche Normen handelt, sondern sieht einfach das gewisse Verhalten bei den Eltern und nimmt dieses als richtig wahr, denn es kann in der frühkindlichen Phase noch nicht beurteilen, was gut oder schlecht ist.

Das Kind schaut sich jedoch generell Verhaltensweisen ab, egal, ob diese den Normen entsprechen oder nicht. Auch Dinge, die für die Eltern zu ihrem individuellen, freien Leben gehören, können das Kind somit lenken und von sich selbst entfremden. Denn Kinder und Eltern haben nicht den gleichen Charakter oder die gleichen Vorlieben, auch wenn dieser Irrglaube immer noch verbreitet ist. Jeder Mensch ist ganz individuell und die Gene spielen für die persönliche Identität keine Rolle. Wie kann man dieser Zwickmühle entkommen? Das liegt in der Hand der Eltern. Sie müssen aufpassen, dass sie das Kind nicht beeinflussen, sondern es sich frei entwickeln lassen. Viele Eltern tun aber genau das Gegenteil. Sie machen dem Kind Vorschriften, bewerten sein Tun und sehen in ihm ihren genetischen Abklatsch. Haben die Eltern zum Beispiel als Kinder gern Sport gemacht, drängen sie ihr Kind ebenfalls zu sportlichen Aktivitäten. Verzieht sich das Kind lieber stundenlang in sein Zimmer und malt Bilder, während die Eltern sich ein aktives Kind wünschen, dann zeigen sie keine Begeisterung für die Lieblingsbeschäftigung des Kindes und vermitteln ihm somit, dass das, was es gern tut, nicht richtig ist. Es beginnt also, um seinen geliebten Eltern zu gefallen und ihnen eine Freude zu machen, sein Lieblingshobby aufzugeben und stattdessen das zu tun, was seine Eltern für gut befinden.

Der Einfluss, den Eltern und andere Nahestehende auf ein Kind ausüben, ist aber noch größer. Das Kind muss natürlich alles lernen, was es zum Leben braucht, daran besteht kein Zweifel. Jedoch ist zum einen die Frage, wie man es an die Herausforderungen herangehen lässt, und zum anderen, ob es wirklich nur einen einzigen richtigen Weg gibt, es auszuführen. Man sollte Kindern die Möglichkeit geben, alles auf ihre eigene Art auszuprobieren, sofern es nicht gefährlich ist. Gibt es einen richtigen Weg, ist das Kind selbstständig in der Lage, diesen zu finden, doch die meisten Erwachsenen haben nicht genug Geduld und zeigen dem Kind daher haarklein und teils unter unwirschen Anweisungen, wie etwas gemacht werden muss. Oftmals gibt es zudem tatsächlich verschiedene Arten, wie man die Dinge machen kann, aber die Eltern sind so in ihrem gelenkten Denken drin, dass sie das gar nicht in Erwägung ziehen. Wer bestimmt denn, dass man Schuhe mit einer Schleife zumachen muss? Wer sagt, dass man zwei gleiche Socken tragen muss? Warum muss das Glas rechts vom Teller stehen? Was nicht aus Vernunftgründen geboten ist, sollte man kritisch hinterfragen und dabei alle Freiheiten offen lassen. Jedoch erziehen Eltern ihre Kinder nach gesellschaftlichen Normen und missachten oftmals den Drang nach persönlicher Entfaltung. Das meinen sie nicht böse, sondern sie wissen es nicht besser oder denken, dass sie ihrem Kind damit etwas Gutes tun, denn „normal" zu sein heißt für sie, anerkannt zu sein und keine Probleme zu bekommen.

Je älter das Kind wird, desto mehr kann es sich zwar selbst ein Urteil bilden und eigene Wünsche äußern, jedoch liegt dann auch bereits eine Prägung vor, denn das gelenkte Leben beginnt schon in den ersten Lebensmonaten. Urteile werden also vielfach nicht frei gebildet, sondern auf der Basis der vorigen Erfahrungen. Hat das Kind gelernt, sich frei zu entfalten, kann es auch freie Entscheidungen treffen, ansonsten setzt es die Maßstäbe an, die es von anderen übernommen hat. Mit steigendem Alter werden allerdings auch die Einflüsse größer. Das Kind lernt viele andere Kinder, deren Eltern und Geschwister kennen, außerdem Erzieher in der Kita und Lehrer in der Schule. Diese Personen haben zum Teil die allgemeinen Ansichten der Gesellschaft, zum Teil aber vielleicht auch andere. Hat das Kind zu Hause zu wenig Freiraum bekommen, erweitert es möglicherweise durch Außenkontakte seinen Horizont und lernt, dass es noch andere Arten gibt, die Dinge zu sehen und zu tun. Vielleicht ist es aber auch umgekehrt und das weitere Umfeld zerstört das, was die Eltern aufgebaut haben.

ANPASSUNG AUS SEHNSUCHT NACH ANERKENNUNG

Ob zu Hause, im weiteren Umfeld oder unter Fremden, jedes Kind lernt irgendwann die Situation kennen, von anderen als nicht gut genug angesehen zu werden. Kritik von den Eltern, schiefe Blicke von Tante und Onkel, herabsetzende Worte von den Spielplatzfreunden, Ausgrenzung und Mobbing in der Schule – all solche Vorfälle merkt sich das Gehirn und speichert sie als schlechte Erfahrungen ab. Es prägt sich ein: Soundso habe ich mich verhalten, also haben die Personen so reagiert, dass ich mich unwohl gefühlt habe. In der Folge wird das betreffende Verhalten möglichst vermieden, um nicht wieder in die Situation zu kommen, das unschöne Gefühl zu empfinden. Zum Beispiel beobachtest Du gern die Natur, aber als Deine Mitschüler in der Grundschule das bemerken, verspotten sie Dich und Du bist traurig. Daher verlierst Du die Freude an Deiner Lieblingsbeschäftigung und stellst sie ein. Der Großteil dieser Vorgänge geschieht unbewusst, und gerade das macht die Lage so schwierig, denn meist ist Dir nicht einmal klar, dass Du Dich verbiegen lässt.

Ebenso gelenkt wirst Du aber auch auf positive Art, indem Du für das gelobt wirst, was andere Menschen gut finden. Wenn Du zum Beispiel ein Jahr an Weihnachten ein Gedicht aufgesagt hast und Deine Verwandten davon begeistert waren, machst Du es wahrscheinlich in den nächsten Jahren wieder, auch wenn es Dir selbst keinen Spaß gebracht hat. Ob Du die Sache wirklich gern tust, ist nebensächlich, denn die Anerkennung gibt Dir ein gutes Gefühl und insofern bemühst Du Dich, möglichst oft dieses Verhalten zu zeigen. Am schlimmsten wird dies im Zusammenhang mit Gruppenzwang, wie er insbesondere in der Schule auftritt. Alle machen das, also mache ich das auch, sonst gehöre ich nicht dazu und dann geht es mir nicht gut, so denkt Dein Gehirn. Das fängt bei Kleidung und Musik an und endet bei Mobbing gegen andere Kinder bzw. Jugendliche. Nicht mitzumachen, kommt für viele nicht in Frage, denn sie haben zu große Angst. Angst davor, selbst gemobbt, ausgegrenzt oder ausgelacht zu werden. Angst, nicht anerkannt und gemocht zu werden.

Der Wunsch nach Liebe und Anerkennung steckt in jedem Menschen drin und führt dazu, sich so zu verhalten, wie andere es möchten. Die Kehrseite des Wunsches ist die Angst – was ist, wenn ich etwas falsch mache? Dann stehe ich ganz allein da. Oftmals basiert die Angst vor dem Alleinsein, die man bewusst oder unbewusst noch als Erwachsener empfindet, auf Erlebnissen aus der Kindheit. Die Fälle, in denen das Kind für seine eigene Persönlichkeit, zum Beispiel seine bevorzugte Kleidung, seine Lieblingsbeschäftigungen oder seine Charakterzüge, kritisiert wird, und andererseits die Erfahrung, dass es gelobt und beachtet wird, wenn es sich so verhält, wie andere es wollen, prägen sich tief ein. In ganz schlimmen Fällen bekommen Kinder fast gar keine Beachtung von ihren Eltern oder werden schlecht behandelt, sodass in ihnen das Gefühl entsteht, nichts wert zu sein. Die betreffenden Kinder versuchen dann teils ein Leben lang, bei anderen Menschen Beachtung und Liebe zu bekommen, indem sie sich auf alle möglichen Arten verbiegen und versuchen, es allen recht zu machen. In solchen Fällen entstehen aus dem Streben nach Anerkennung teils ernsthafte psychische Störungen.

Einmal abgesehen von diesen extremen Situationen entsteht bei mangelnder freier Entfaltung in der Kindheit grundsätzlich der bleibende Eindruck, nur liebenswert zu sein, wenn man sich den Wünschen anderer anpasst, und somit ist man ständig darauf bedacht, anderen zu gefallen. Diese Einstellung geht so stark ins Unbewusste über, dass sie gar nicht wahrgenommen wird. Man empfindet es als ganz natürlich, sich die Anerkennung anderer zu wünschen und unglücklich zu sein, wenn man sie nicht bekommt, und somit auch, sich zu verbiegen. Das Verbiegen selbst wird mit der Zeit ebenso sehr zur Gewohnheit, dass es meist gar nicht mehr bewusst bemerkt wird. Man denkt, es sei der eigene Wunsch, sich nach den von anderen gesetzten Maßstäben zu verhalten und bei dem mitzumachen, was alle tun.

GELD REGIERT DIE WELT

„Was *alle* tun" erscheint zunächst paradox, denn alle sind schließlich nur viele einzelne Individuen, die eigentlich ganz unterschiedlich sein müssten. Du bist als Individuum also eigentlich weder allein noch ungewöhnlich, sondern ganz normal. Man selbst zu sein, ist das Normalste, was ein Mensch tun kann. Und doch besteht unsere Gesellschaft aus einer stumpfen Masse mit einigen mutigen Außenseitern. Wie kann das sein?

Zum einen ist das Streben nach Besitz, Geld und Anerkennung seit Ewigkeiten im Menschen verankert und wird von Generation zu Generation weitergegeben. Dieses Denken ist der Grundstein dafür, dass man im Sinne der Wirtschaftsgesellschaft funktioniert, brav immer neue Dinge kauft und dafür Arbeit macht, die man im Grunde seiner Seele nicht machen möchte. „Geld regiert die Welt" stimmt also nicht nur in der Hinsicht, dass man mit Geld das meiste auf der Welt beeinflussen kann, sondern auch, indem es die Menschen gefügig macht. Ohne Geld geht nichts, allein schon für das nackte Überleben braucht man Geld, und was einem passiert, wenn man keines hat, sieht man in Medienberichten oder bei einem Blick an den Rand der Einkaufsstraße, wo Menschen mit zerlumpter Kleidung und einem aufgestellten Pappbecher sitzen.

Der Druck ist ständig da, man darf auf keinen Fall durch die Maschen des großen Schüttelsiebs fallen, und so passt man sich an, anstatt einen guten, eigenen Weg zu finden oder womöglich etwas an der Gesellschaft zu ändern. Die Angst begleitet einen auch weiterhin, selbst wenn man in einer guten (angepassten) Situation lebt, denn was ist, wenn mal etwas schiefgeht? So beugt man lieber vor, indem man sich noch mehr anpasst. Dabei versucht man einerseits, auf die Mitmenschen möglichst beeindruckend und somit anziehend zu wirken, denn ein großer Freundeskreis ist angeblich wichtig und ein guter Ruf wertvoll. Andererseits heißt das, dass man mehr von der angepassten Arbeit tun muss, um den Besitz, der zur Anerkennung führt, zu finanzieren. In diesem Strudel sind viele Menschen so gefangen, dass sie gar nicht merken, wie sie im Hamsterrad herumlaufen und dabei nur die Wirtschaft ankurbeln, aber sich selbst nichts wirklich Gutes tun.

Fast jeder strebt bei alldem insgeheim danach, in eine höhere berufliche Position zu kommen, um mehr Einfluss zu haben und selbst bestimmen zu können. Einige haben es geschafft und sind zwar vom Wirtschaftsdenken her immer noch angepasst, jedoch ziehen sie die Fäden und bestimmen darüber, was „in" ist, was man haben muss und wie man sich verhalten muss. Ihr Mittel, um das zu kommunizieren, ist die Werbung – mit ihr wird die Botschaft ausgesandt und bald darauf wird sie zum Selbstgänger, denn wenn einige Menschen angefangen haben, die Produkte zu kaufen, sehen andere Menschen diese bei ihnen und wollen sie auch haben. Der Konsum hält uns gefangen, denn durch den Konsum versprechen wir uns Anerkennung und für den Konsum müssen wir in der Arbeitswelt funktionieren.

Diesen Effekt gibt es schon lange, aber durch die modernen Medien funktioniert er heute noch besser. Auf Social-Media-Plattformen erscheint nicht nur personalisierte Werbung, sondern Menschen zeigen ihrer „Community", was sie alles haben und machen und wie glücklich sie dabei angeblich sind. Um dazuzugehören, muss man natürlich auch so glücklich sein und insofern all das haben und machen, oder am besten noch mehr. Indem Du in sozialen Netzwerken die Fotos, Videos und Posts der anderen siehst, vergleichst Du Dich mit ihnen und fühlst Dich automatisch weniger wertvoll, wenn jemand es anscheinend besser hat als Du. Also strebst Du danach, so zu sein wie die anderen, und entfremdest Dich weiter von Dir selbst.

Fatal ist auch die Funktion, die Beiträge von anderen „liken" oder „disliken" zu können, also mit anderen Worten, die anderen Menschen zu bewerten. Warum ist es wichtig, wie andere Deine Kleidung, Dein Styling, Dein Auto, Deine Wohnung, Deine Freizeitbeschäftigungen, Dein Essen, Deinen Hund oder irgendetwas sonst in Deinem Leben finden? Es ist DEIN Leben. Dennoch ist es zu einer ganz normalen Unart geworden, in unserer schönen modernen Welt auch noch öffentlich andere Menschen zu beurteilen und somit zu verbiegen. Bewertet wird dabei meist nicht einmal nach eigenen Vorlieben, sondern nach den Maßstäben, die man von anderen übernommen hat. Mit anderen Worten: Angepasste Menschen bekommen positives Feedback, nicht angepasste werden ausgebuht. Im Endeffekt führt das dazu, dass die nicht angepassten Menschen sich anpassen oder sich so wertlos fühlen, dass sie sich zurückziehen und teils Depressionen bekommen.

DURCH SELBSTBETRUG ZUR SELBSTENTFREMDUNG

Die verbogene Gesellschaft ist also ein sich selbst erhaltendes System, in welchem die allermeisten aus Angst vor Nachteilen mitmachen. Es bleibt die Frage: Warum hören wir nicht einfach auf damit? Das Ganze kann nur funktionieren, indem der überwiegende Teil der Menschen mitmacht, also könnte man es genauso gut ändern, wenn der überwiegende Teil der Menschen nicht mitmachen würde. Leider geht das aber nicht so einfach, denn die meisten Menschen sind nun einmal in diesem Denken gefangen. Und vielleicht wollen sie da auch gar nicht raus, denn es ist irgendwie so schön bequem.

Man muss sich nicht anstrengen, wenn man mit dem Strom schwimmt. Nun ja, eigentlich muss man sich schon anstrengen, um mitzuhalten, aber zumindest muss man nicht selbstständig denken. Man muss nur auf die anderen schauen oder den Fernseher anschalten, dann weiß man, wie man aussehen, was man besitzen und wie man sich verhalten muss. Man braucht sich keine Gedanken darüber zu machen, ob das alles wirklich sinnvoll ist, was stattdessen sinnvoll wäre und wie man selbst wirklich leben möchte. Und der Weg, wie man beliebt wird, ist auch vorgegeben. Das Einzige, was man tun muss, ist, ihn zu gehen. Dass man dabei irgendwie eine seltsame Unzufriedenheit in sich spürt, schiebt man darauf, dass man wohl einfach noch nicht genug erreicht hat, und so rennt man noch ein bisschen schneller im Hamsterrad.

Was geht da in unseren Köpfen vor, fragt man sich. Bereits bekannte Philosophen der Vergangenheit stellten sich die gleiche Frage. Immanuel Kant kam im 18. Jahrhundert zu dem Schluss, dass die Menschen in einer „selbstverschuldeten Unmündigkeit" leben. Damals wurde das Volk noch von absolutistischen Herrschern regiert, die angeblich von Gott eingesetzt waren, und die Bürger hatten keine Rechte. Immerhin politisch hat sich seitdem also etwas geändert, in einer selbstverschuldeten Unmündigkeit leben die Menschen heute jedoch immer noch, nur jetzt im Hinblick auf das Konsumverhalten und das Streben nach Anerkennung.

Was genau bedeutet der Begriff „selbstverschuldete Unmündigkeit" nun aber? Unmündigkeit sagt Dir bestimmt etwas, es handelt sich um den Zustand, nicht in der Lage zu sein, eigene Entscheidungen zu treffen. Normalerweise besteht eine solche Unmündigkeit aufgrund mangelnder geistiger Voraussetzungen, wie zum Beispiel bei einem kleinen Kind oder einem schwer Demenzkranken.

„Selbstverschuldete Unmündigkeit" heißt jedoch, dass man eigentlich fähig ist, sich frei zu entscheiden, aber sich in die Unmündigkeit begibt, indem man seinen Verstand schlichtweg nicht gebraucht. Man nimmt es in Kauf, dass andere für einen entscheiden, und passt sich deren Vorgaben an, da man nicht nachdenken möchte. Der Hauptgrund dafür liegt laut Kant nicht in der Faulheit der Menschen, sondern wiederum in der Angst.

Es ist jedoch nicht die Angst vor Bestrafung oder Ausgrenzung, sondern die Angst vor der eigenen Verantwortung. Frei zu sein und über alles, was man tut, wirklich selbst zu entscheiden, bedeutet, komplett für das eigene Leben verantwortlich zu sein. Diese Vorstellung verunsichert laut Kant die Menschen so stark, dass sie sich lieber freiwillig in die Unmündigkeit begeben. Damit sind sie zwar nicht wirklich glücklich, aber es gibt ihnen das Gefühl von Sicherheit. Sie wissen, woran sie sind, auch wenn es nicht gut ist, und sie können keine eigenen falschen Entscheidungen treffen, sodass sie zumindest nicht selbst für ihr Unglück verantwortlich sind. Dass sie in Wahrheit sehr wohl für ihr Unglück verantwortlich sind, eben gerade, indem sie sich von anderen lenken lassen, verstehen sie nicht oder sie wollen es nicht verstehen, denn die Angst vor der eigenen Verantwortung ist größer.

Der bekannte Philosoph und Schriftsteller Jean-Paul Sartre formulierte das, was in den menschlichen Köpfen vorgeht, mit einem

Wort noch direkter: „Selbstbetrug“ nannte er es. Wir betrügen uns selbst, wir gaukeln uns vor, glücklich sein zu können, indem wir uns verbiegen, doch in Wahrheit werden wir dabei unglücklich. Auch bei Sartre spielte die Angst eine Rolle, und zwar die Angst vor der Freiheit. Frei zu sein ist eigentlich der Wunschzustand jedes Menschen, jedoch bereitet die Vorstellung gleichzeitig Angst, denn in der Freiheit hat man niemanden, der einem sagt, wo es langgeht. Wie bei Kant geht es hier also um die Angst vor der Verantwortung für das eigene Leben. Sartre bezeichnet den Menschen als „zur Freiheit verurteilt“, was so viel bedeutet wie, dass wir die Freiheit von Geburt an mitbekommen haben, aber dann irgendwie sehen müssen, wie wir allein damit zurechtkommen, ohne dass uns jemand eine Art Gebrauchsanweisung dafür gibt.

Aus dieser Not entwickelt sich die sogenannte existenzielle Angst, eine Angst vor dem Nichtexistieren. Diese soll eigentlich ein Motor zur Weiterentwicklung sein, denn wenn man Angst vor etwas hat, versucht man, es zu vermeiden, was in diesem Fall bedeutet, dass man sich eine Existenz erschafft. Dabei achten viele Menschen jedoch nicht darauf, dass diese Existenz wirklich ihrem eigenen Inneren entspricht, sondern nur, dass es überhaupt eine Existenz ist, und da eine wirklich freie Entwicklung schwierig und beängstigend ist, wählen die meisten Menschen ein Leben im Selbstbetrug. Um da herauszukommen, muss man erst einmal begreifen, dass man sich selbst betrügt, und dann herausfinden, wie man selbst wirklich leben will.

Immanuel Kant rief die Menschen auf: „Habe Mut, Dich Deines eigenen Verstandes zu bedienen.“ Weiter ausgeführt heißt das: Erkenne, dass es Dir selbst nicht guttut, von anderen gelenkt zu werden, überwinde die Angst und übernimm für Dich selbst die Verantwortung, denke selbstständig nach und tu das, was Du selbst nach eigener reiflicher Überlegung für richtig hältst. Dieser Gedanke ist absolut zeitlos, denn Du musst immer und in jeder Hinsicht selbstständig nachdenken, was Du wirklich willst und was für Dich das Richtige ist.

Nur dann kannst Du Dir selbst treu sein, Deinen eigenen Weg gehen und somit glücklich werden. Echtes Glück kommt nicht durch Äußerlichkeiten, sondern nur aus dem eigenen Inneren, darüber sind sich etliche Philosophen der vergangenen Jahrtausende einig, unter ihnen große Namen wie Buddha, Sokrates, Aristoteles und Seneca.

Angst, mangelnder Mut, Scheu vor Eigenverantwortung – es klingt, als ob der Selbstbetrug darauf beruht, dass uns schlichtweg das nötige Selbstbewusstsein fehlt, um wir selbst zu sein. Wenn Du zu Dir selbst stehst, interessiert es Dich nicht, was andere von Dir denken. Du weißt, dass Du wertvoll bist, auch wenn alle anderen Dir das Gegenteil sagen. Du machst Dein Ding, auch wenn Du dabei heftigsten Gegenwind bekommst. Du bist mit Dir selbst zufrieden, auch wenn niemand auf Deiner Seite ist, Du ganz allein bist und die Finanzen schlecht aussehen. Das ist echtes Selbstbewusstsein – Du bist Dir Deines Selbst bewusst, Du weißt, wer Du bist und dass Dein eigenes Inneres das Wertvollste ist, das Du im Leben bekommen kannst, und Du vertraust darauf, dass Du Dein eigenes Leben selbstständig in die für Dich richtige Richtung lenken kannst. So viel Selbstbewusstsein besitzen die wenigsten Menschen, aber immerhin gibt es einige, die bis zu einem gewissen Grad ziemlich selbstbewusst sind.

Es stimmt: Ein starkes Selbstbewusstsein schützt Dich davor, Dich von anderen beeinflussen zu lassen, und gibt Dir den Mut, Dein Leben in die eigene Hand zu nehmen. Der Grundstein für ein starkes Selbstbewusstsein wird allerdings wiederum in der Kindheit gelegt und maßgeblich beteiligt daran sind die Eltern. Durch „normale" Erziehungsmethoden, die mit Schimpfen, Bestrafungen, Anweisungen und Einschränkungen einhergehen, verliert das Kind den Kontakt zu sich selbst und somit auch sein Selbstbewusstsein. Ein nach außen hin mutiges, durchsetzungsbereites und stolzes Auftreten, wie es durchaus bei vielen Menschen vorkommt, darf nicht mit wahrem Selbstbewusstsein verwechselt werden. Solche Menschen können genauso angepasst oder noch angepasster sein als andere, die weniger dominant wirken. Es kommt darauf an, ob man wirklich man selbst ist und dazu steht.

Bevor Selbstbewusstsein entstehen kann, muss man sich selbst daher erst einmal finden. Ganz kleine Kinder kennen sich, wie gesagt, selbst noch, aber oftmals wird ihr wahres Ich durch diverse äußere Einflüsse immer mehr verdrängt. Es obliegt wiederum den Eltern, die Selbstentfremdung zu verhindern und dem Kind dabei zu helfen, sein wahres Selbst kennenzulernen, auszuleben und auch nach außen dazu zu stehen.

Wenn Du bereits verbogen und gelenkt bist, Dich selbst vergessen hast oder Dich einfach nicht traust, zu zeigen, wer Du wirklich bist, kannst Du das trotzdem jederzeit noch ändern. Die Entwicklung des Geistes ist nicht mit der Kindheit abgeschlossen, sondern geht das gesamte Leben lang weiter. Das heißt zwar auch, dass Du auch als Erwachsener durch Einflüsse von anderen Menschen oder schlechten Erfahrungen noch in den Selbstbetrug geraten kannst, auch wenn Du als Kind Du selbst sein durftest, aber es heißt vor allem, dass Du jederzeit zu Dir selbst finden und Dein eigenes freies, selbstbestimmtes, glückliches Leben beginnen kannst.

„Habe Mut...

...DICH DEINES EIGENEN VERSTANDES ZU BEDIENEN!"

Vielleicht fragst Du Dich jetzt, warum es eigentlich so schlimm ist, mit dem Strom zu schwimmen. Es stimmt doch im Grunde, es ist einfacher. Du brauchst Dir nicht die Mühe zu machen, eigenständig nachzudenken, was richtig oder falsch ist, und riskierst nicht, selbst die falschen Entscheidungen zu treffen. Und was noch wichtiger ist: Du bist ein anerkannter Teil dieser Gesellschaft. Und die ganzen tollen Sachen, die Du Dir kaufst, sind doch eigentlich auch ganz schön. Zugegeben, es kann schon anstrengend sein, sich immer wieder gemäß der Mode und dem Umfeld zu verändern und darauf aufzupassen, durch Deine Worte oder Dein Verhalten nicht in Ungnade zu fallen. Aber wenn Du dafür ein schönes Leben hast, ist doch alles gut.

Allen anderen geht es ja auch gut auf diese Art. Warum also solltest Du es anders machen? Nur, um Deiner Seele treu zu sein? Ja, genau deshalb, denn wenn Du ihr zuwider handelst, wirkt sich dies erheblich auf Dein psychisches und körperliches Wohlbefinden aus. Das Ganze möchte ich Dir jetzt genauer erklären, um letzte Zweifel bei Dir auszuräumen und Dir erste Schritte für Deinen Weg in die innere Freiheit zu zeigen.

WARUM IST ES WICHTIG, SELBSTBESTIMMT ZU LEBEN?

Körper, Geist und Seele müssen im Einklang miteinander stehen, ansonsten kann es dem Menschen insgesamt nicht wirklich gutgehen. Das wussten schon – wohlgemerkt unabhängig voneinander – die großen Denker jahrtausendealter Philosophien. Das Problem an der Sache ist in erster Linie der Geist, denn er lässt sich von Erlebnissen, Erzählungen, Beobachtungen und Gefühlen beeinflussen. Dadurch hört er weder auf die Seele, die den eigentlichen Plan für das Leben hat, noch auf den Körper, der aufgrund der Unzufriedenheit der Seele krank wird oder auch direkt durch bestimmtes Verhalten beeinträchtigt wird. Der Geist trifft die Entscheidungen und der Körper sowie die Seele müssen damit leben.

Zum Beispiel entscheidet Dein Geist, dass Du ein bestimmtes Paar Schuhe kaufen musst, weil es der aktuellen Mode entspricht. Beim Anprobieren merkt Dein Körper, dass die Mode wehtut, aber Dein Geist sagt: „Ach was, die laufen sich bestimmt schnell ein. Meine Freunde werden begeistert sein, wenn ich damit zur Party komme!" Da ruft die Seele aus dem Inneren: „Was könnte man mit dem Geld alles Sinnvolles anfangen! Bitte nicht schon wieder Schuhe! Und bitte nicht ausgerechnet diese, damit komme ich mir vor wie beim Fasching!" Aber Dein Geist hört sie nicht. Du spürst nur so ein komisches Gefühl in der Körpermitte, irgendwie undefinierbar unwohl, aber ignorierst es und schiebst es darauf, dass Du wohl nicht genug gegessen hast. Gleich noch einen Burger im angesagten Fast-Food-Laden holen, dann geht es Dir bestimmt besser. Nein, ganz im Gegenteil, da sind sich Körper und Seele einig. Doch wieder hört der Geist nicht zu.

Am nächsten Tag ist die Party und Du gehst mit den neuen Schuhen hin. Alle bewundern Dich, wie erhofft. Du kannst mit den Schuhen kaum stehen, geschweige denn tanzen, aber lässt Dir nichts anmerken. Da musst Du jetzt durch, Du kannst ja nicht einfach von der Party verschwinden oder barfuß tanzen. Was würden die anderen sagen... Am nächsten Morgen wachst Du auf und wunderst Dich über den Blutfleck am Fußende Deines Bettes. Du schaust Dir Deine Füße an – beide Hacken bestehen fast nur noch aus rohem Fleisch. Dir wird unwohl. Kommt das von dem Anblick oder ist das wieder dieses merkwürdige Gefühl, das Du öfter mal in verschiedenen Situationen im Bauch verspürst? Oder kommt es von dem Kater? Du hast natürlich einiges getrunken, denn die anderen haben es auch.

Warum hat der Geist nicht einfach auf die Seele gehört oder wenigstens auf den Körper, der doch unmissverständliche Signale gegeben hat? Weil seine Wahrnehmung für Deine wahren Wünsche und Bedürfnisse blockiert ist. Er ist geprägt von all den Einflüssen, die Du seit Deiner Kindheit gespeichert hast. Er denkt, das Richtige zu tun, indem er Dich so werden lässt, wie andere Menschen es tatsächlich oder vermeintlich von Dir erwarten. Dass dies nicht Deinem wahren Ich entspricht und er damit Schaden in Dir anrichtet, ist ihm nicht bewusst. Die Anzeichen ignoriert er, denn er hält es nicht für möglich, dass es nicht richtig ist, gemäß den eingespeicherten Überzeugungen zu handeln. Die Schuhe werden also nicht etwa zurückgegeben, sondern über die Hacken werden nächstes Mal einfach schon vorsorglich Pflaster geklebt.

So, wie mit den Schuhen, ergeht es Dir in weiten Teilen Deines Lebens. Zum Beispiel nimmst Du einen Job an, der Dich langweilt oder überfordert, denn Du verdienst darin gutes Geld und wirst insofern von Deinen Freunden, Verwandten und Bekannten hoch angesehen. Oder Du suchst Deinen Partner nach ähnlichen Kriterien wie Deine Schuhe aus – Beliebtheit und Attraktivität nach allgemeinen Maßstäben – und ignorierst dafür, dass Du Dich mit ihm nicht wirklich wohlfühlst, er Dir vielleicht sogar wehtut und Dich einengt. Kurzum: Du verwirfst die Ziele Deiner Seele und missachtest das Befinden Deines Körpers, um von anderen anerkannt zu werden.

Das lassen sich die beiden aber nicht lange gefallen. Es stellt sich ein Gefühl von Unzufriedenheit und innerer Leere ein, obwohl Du eigentlich alles hast, und Du fühlst Dich ständig unter Strom. Du bist im Stress, denn Du darfst Dir keine Fehler erlauben, Du musst mit den anderen mithalten und hast Angst, es nicht zu schaffen. Durch Stress und Unzufriedenheit können schwerwiegende körperliche und psychische Störungen auftreten, angefangen bei Schlafstörungen, Hautirritationen, Nervosität und chronischen Schmerzen bis hin zu Herz-Kreislauf-Erkrankungen, Diabetes, Depressionen und Burnout.

Auch Angststörungen, wie zum Beispiel Panikattacken, d. h. plötzliche, heftige Angstanfälle, die aus heiterem Himmel beginnen, können durch das Gefühl der ständigen Überforderung und inneren Unzufriedenheit auftreten. Möglich ist auch, dass Du eine soziale Phobie entwickelst. Hierbei hast Du Angst davor, von anderen Menschen entweder in speziellen Situationen, wie einer Prüfung, oder grundsätzlich bewertet zu werden. Deshalb ziehst Du Dich zurück und gehst der Situation oder generell sozialen Kontakten aus dem Weg, und wenn Du doch in die Situation kommst, zeigst Du erhebliche Anzeichen von Angst und Scham, wie Zittern, Erröten, Stottern, Schweißausbrüche, Herzrasen oder Übelkeit.

Ebenso können Suchterkrankungen entstehen, entweder durch den Konsum aus Gruppenzwang oder um das Gefühl der Minderwertigkeit zu verdrängen. Neben Alkohol, Nikotin und Drogen können zum Beispiel auch Shopping, Fernsehen, PC- und Glücksspiele, Sport oder Süßigkeiten zu Suchtmitteln werden. Insbesondere im Zusammenhang mit dem äußeren Erscheinungsbild werden außerdem oftmals Essstörungen ausgelöst, wenn Menschen versuchen, einem bestimmten Schönheitsideal zu entsprechen, oder sie gemobbt werden, wenn sie es nicht tun. Dabei hungern sie sich nicht einfach „nur" auf die vermeintlichen Idealmaße herunter, sondern entwickeln die Überzeugung, dass sie grundsätzlich nicht schlank genug sind, selbst wenn sie nur noch Haut und Knochen sind. Essstörungen sind unmittelbar lebensbedrohlich, da die Betroffenen an Unterernährung oder Nährstoffmangel sterben können, aber auch Suchterkrankungen, Depressionen und Angststörungen können lebensgefährlich werden, denn teils geht es den Betroffenen dadurch so schlecht, dass sie sich das Leben nehmen.

Man halte sich nochmal vor Augen, dass all das eintreten kann, nur weil man auf der Suche nach Anerkennung durch andere Menschen ist! Was bringt einem denn die Anerkennung, wenn man dafür sein Leben ruiniert? Das Tückische ist, dass Du immer weiter in den Strudel des ferngesteuerten Lebens gerätst, je mehr Du Dich lenken lässt. Am Anfang ist alles ganz harmlos, Du achtest nur ein bisschen darauf, so zu sein, wie die anderen. Doch indem Du Dich anpasst, gibst Du Dir selbst das Gefühl, nicht gut genug zu sein, sodass sich Dein Selbstbewusstsein weiter reduziert. Infolgedessen bist Du noch leichter manipulierbar, passt Dich noch stärker bzw. in weiteren Bereichen an und verlierst dadurch noch mehr von Deinem Selbstbewusstsein. So kann es weitergehen, bis Du nur noch eine Marionette bist, die willenlos an Strippen herumgeführt wird. Das muss sich oberflächlich nicht unbedingt schlimm auf Dein Leben auswirken, auch ein gut situierter Mensch mit angesehenem Job, Einfamilienhaus und intakter Familie kann eine Marionette sein.

Eine Marionette ist man dann, wenn man seine eigenen Ziele und Ideale vergessen hat oder missachtet und sich nur noch so verhält, wie andere es wünschen bzw. für gut befinden. Der Mensch, der sich mit Ellenbogen nach oben kämpft und dafür gegen andere intrigiert, ist also möglicherweise ebenso eine Marionette wie derjenige, der von ihm gemobbt wird. Denn ersterer handelt so, wie es in der Wirtschaftsgesellschaft üblich ist, während zweiterer durch das Mobbing dazu gebracht wird, sich unterzuordnen und somit dem anderen den Weg freizumachen oder sich von ihm ausnutzen zu lassen. Die egoistische Respektlosigkeit des ersteren ist in der Regel nicht sein innerster Wunsch, sondern geschieht aus Angst davor, selbst ausgesiebt zu werden, wenn er sich nicht genug gegen andere durchsetzt.

Gelenktes Verhalten kann also in verschiedenen Formen auftreten, einmal in der untergeordneten Position, in der man folgt, um von der Gesellschaft oder einem bestimmten Personenkreis toleriert zu werden, und einmal, indem man selbst zwar in der übergeordneten Position ist, aber ein Verhalten an den Tag legt, das man von anderen übernommen hat. In beiden Fällen ist der Grund der Wunsch nach Anerkennung bzw. die Angst, nicht anerkannt zu werden, und in beiden Fällen sind die betreffenden Personen innerlich unzufrieden, sodass es ihnen möglicherweise nicht gutgeht. Trotzdem machen sie immer so weiter, wie auch die Person im obigen Beispiel die drückenden Schuhe trotz schmerzender, blutender Hacken an den Füßen behält und sich mit Pflastern darüber hinwegzutäuschen versucht, dass die Schuhe einfach nicht das Richtige für sie sind.

Ganz nebenbei verpasst Du Dein eigenes Leben, es vergeht einfach, während Du Dich mit Dingen beschäftigst, die Du selbst nicht machen willst oder die komplett unnötig sind, wie zum Beispiel ewig vor dem Spiegel zu stehen, im Internet zu surfen oder ständig neue Sachen zu kaufen. Durch Dein Konsumverhalten trägst Du außerdem auch noch zur Umweltzerstörung bei, sodass nicht nur Du selbst, sondern alle Menschen, Tiere und Pflanzen dieses Planeten darunter leiden. Dein eigener Anteil an der Schädigung des Klimas, der Verschmutzung der Meere, der Rodung von Waldgebieten etc. ist zwar relativ gering, jedoch ist das keine Rechtfertigung, denn das Verhalten der Summe der Einzelnen zerstört unsere Welt. Jeder Einzelne kann durch sein eigenes Verhalten also daran mitwirken, dass dieser Prozess gestoppt wird. Was zählen schließlich all die vermeintlich tollen Sachen, wenn die nächsten Generationen, oder vielleicht auch schon Du selbst, in ein paar Jahrzehnten keinen Ort mehr haben, an dem man gesund und glücklich leben kann? Einmal ganz abgesehen von der Verantwortung, die der Mensch als vermeintlich intelligentestes Wesen der Erde für den gesamten Planeten mit all seinen Lebewesen trägt.

Anstatt brav im Hamsterrad der Wirtschaftsgesellschaft weiter mitzulaufen, solltest Du lieber Deinen Verstand einsetzen, Deinen eigenen Weg gehen und dazu beitragen, dass ein Umdenken in der Gesellschaft stattfindet. „Die anderen machen das doch auch alle so, was kann ich denn allein schon bewirken?“ ist ein typischer Mitläufer-Satz und einer der Hauptgründe, warum so viele Menschen ferngesteuert umherlaufen und als folgsame Marionetten alles mitmachen, egal, welche Folgen es für sie selbst und die Welt hat. Streiche diesen Satz aus Deinem Sprachgebrauch und aus Deinem Denken und überlege Dir stattdessen: Welches Verhalten ist gut und sinnvoll im Hinblick auf Deine eigene innere Erfüllung und die Zukunft der Welt? Inwiefern verhältst Du Dich bereits so? In welchen Bereichen oder Situationen verhältst Du Dich anders? Was kannst Du tun, um Dein betreffendes Verhalten zu ändern?

Schaue nicht auf die anderen, richte Dich nicht danach, was sie über Dich denken, und versuche nicht, ihnen zu gefallen, aber urteile auch nicht über sie, solange Du selbst Dich nicht besser verhältst. Anderen sagen, wie sie sich verhalten sollten, kann man nur, wenn man selbst ein gutes Vorbild abgibt. Alles andere wäre unglaubwürdig. Wenn Du also die Gesellschaft ändern möchtest, musst Du zunächst Dich selbst ändern. Das hat für Dich sogar noch einen unmittelbaren Vorteil: Falls Du es nicht schaffst, die Gesellschaft (oder einen Teil davon, zum Beispiel Dein persönliches Umfeld) zu selbstbestimmten, mündigen, verantwortungsbewussten Menschen zu machen, lebst Du zumindest selbst so, wie Du es für richtig hältst, bist mit Dir im Einklang und führst ein glückliches, erfülltes Leben.

ABER IST DAS NICHT EGOISTISCH...?

Wenn Du Dein eigenes Ding machst, anstatt Dich anzupassen und folgsam hinterherzulaufen, bekommst Du oft zu hören: „Bist Du aber egoistisch! Immer geht es nur um Dich!" Solche Vorwürfe ersticken schon seit der Kindheit jeden Versuch, ein selbstbestimmtes Leben zu führen. Man bekommt automatisch ein schlechtes Gewissen, verwirft die eigenen Ideen und läuft wieder folgsam hinter den anderen her. Dabei ist es ganz und gar nicht egoistisch, das eigene Leben so zu leben, wie man will und wie es dem eigenen Inneren entspricht. Es ist vielmehr der natürlichste Wunsch einer Menschenseele. Jeder Mensch ist ein Individuum und als solches darf er auch existieren. Du selbst zu sein, ist Dein gutes Recht. Mit Egoismus hat das nichts zu tun.

Egoismus heißt, dass es einem *nur* um einen selbst geht und man deswegen die Wünsche anderer missachtet und sie respektlos behandelt. Noch schlimmer ist Narzissmus. Hierbei sieht sich die betreffende Person als Nabel der Welt und alle müssen nach ihrer Pfeife tanzen.

Selbstbestimmtheit bedeutet hingegen, dass Du über Dein eigenes Leben bestimmst, aber andere genauso selbstbestimmt leben lässt. Der Grundsatz „Leben und leben lassen" drückt sehr klar aus, was es heißt, Dein eigenes, freies Leben zu führen. Unfreiheit beruht darauf, dass manche Menschen die Freiheit anderer nicht respektieren oder dass Du selbst Deine eigene Freiheit nicht respektierst, weil Du von den Gedanken anderer gelenkt wirst. Mangelnde Freiheit basiert somit auf mangelndem Respekt. Folglich kann in einer Welt, in der alle respektvoll miteinander umgehen, jeder frei sein. Die Grenzen der eigenen Freiheit liegen lediglich dort, wo Du jemand anderem schaden bzw. seine Freiheit einschränken würdest, genauso wie jemand anderes Dir nicht schaden oder Deine Freiheit einschränken darf. Menschen, die egoistisch oder narzisstisch sind, sehen hingegen nur sich selbst und nutzen andere aus, um sich Vorteile zu verschaffen. Selbstachtung, welche ein wesentlicher Teil der Selbstbestimmtheit ist, empfinden sie jedoch im Inneren nicht, sondern sie versuchen, sich äußerlich Anerkennung zu verschaffen, um sich über ihre fehlende Selbstachtung hinwegzutäuschen.

Lass Dir also nicht einreden, dass es unmoralisch wäre, Dich selbst wertzuschätzen und Dir treu zu sein. Gerade die Menschen, die Dich das glauben machen wollen, sind es, die Dich lenken und verbiegen wollen. Denn jemanden, der sich selbst achtet und seine eigenen Ziele verfolgt, könnten sie nicht so leicht manipulieren. Es ist also nichts verwerflich daran, Du selbst zu sein! Achte jedoch auch auf Dein Verhalten gegenüber anderen. Respektiere jeden so, wie Du selbst respektiert werden willst. Verwechsle aber nicht Respekt mit Anpassung. Du kannst jemanden höflich aus der Ferne respektieren, doch musst Dich nicht mit ihm abgeben, und erst recht musst Du Dich nicht so verhalten, wie er es möchte. Das heißt nicht, dass Du nicht zuliebe anderer Menschen Kompromisse eingehen oder ihnen einen Gefallen tun kannst. Freundschaften, familiäre Bindungen und Partnerschaften sind schließlich ein Geben und Nehmen. Aber Du musst aufpassen, dass Du Dich dabei nicht selbst verlierst, dass es ausgeglichen bleibt und es Dir gutgeht.

VERSTAND VS. GEFÜHLE

Warum war für Kant und andere namhafte Philosophen vor ihm der Verstand so wichtig? Und wie trennt man den Verstand von den Gefühlen? Mit Deinem eigenen Verstand kannst Du Dein Handeln und die Geschehnisse in der Welt überblicken und Dir ein eigenes, weises Urteil darüber bilden. Du kannst entscheiden, was richtig und was falsch ist, für Dein eigenes Leben und bezüglich der Auswirkungen Deines Tuns auf die Welt. Den Verstand einzusetzen, heißt auch, sich nicht durch Gefühle lenken zu lassen. Das ist wichtig, denn Gefühle machen Dich angreifbar und steuerbar.

Ich beschrieb Dir bereits, wie sehr Du durch Ängste gelenkt wirst, die Angst vor dem Alleinsein, die Angst vor mangelnder Anerkennung, vor fehlender Liebe, vor finanziellen Verlusten, vor Nachteilen jeglicher Art. Den Gegenpol der Angst bildet die Sehnsucht – Sehnsucht danach, die Zustände, vor denen Du Angst hast, zu vermeiden, aber darüber hinaus noch möglichst viel von alldem zu haben, was Du nicht verlieren willst. Mit der Sehnsucht geht Neid einher – Neid auf diejenigen, die mehr von dem haben, was Du Dir wünschst. Aus Angst und unerfüllter Sehnsucht entstehen Kummer und Verzweiflung, aus Neid wird Wut, Abneigung und sogar Hass. All diese Gefühle steuern Dein Denken und Verhalten, sie sind die Strippen, an denen Du herumgezogen wirst. Du bist also in Wahrheit gar nicht die Marionette anderer Menschen, sondern Deiner eigenen Gefühle.

Mit dem Verstand kannst Du die Strippen durchtrennen und frei sein, denn Du kannst alles vernünftig beurteilen. Du erkennst zum Beispiel, dass es für Dein Leben vollkommen unbedeutend ist, welche Kleidung Du trägst oder welches Handy Du hast, weil Du immer Du selbst bist. Du erkennst auch, dass es egal ist, ob Dich jemand deswegen meidet oder verspottet, denn Du begreifst, dass dies Deinen Wert nicht schmälert und Du Menschen, die Dich aufgrund von Oberflächlichkeiten nicht mögen, nicht hinterherlaufen solltest. Du kannst entweder ganz auf sie verzichten oder ihre Meinung einfach an Dir abprallen lassen, denn oberflächliche Zuneigung oder Anerkennung ist ohnehin nichts wert und daher verlierst Du nichts. Das weiß Dein Verstand, während Deine Gefühle Dich dazu bringen, Dich für diese Menschen zu ändern, weil die mangelnde Wertschätzung Deine Angst vor dem Alleinsein und Deine Sehnsucht nach Liebe anspricht.

Der Verstand kann auch beurteilen, welche Produkte aus der Werbung Du wirklich brauchst, während Deine Gefühle auf die Werbetricks reagieren. Du sehnst Dich danach, auch so attraktiv, gesund, fit, erfolgreich, beliebt und fröhlich zu sein wie die Menschen, die Du in den Spots und auf den Plakaten siehst, und Du hast Angst, von Deinen Mitmenschen nicht mehr gemocht zu werden, wenn Du es nicht bist. Deine Gefühle veranlassen Dich außerdem dazu, einen Job anzunehmen, der nicht richtig für Dich ist, denn es winkt das Gehalt, nach dem Du Dich sehnst, und gleichzeitig hast Du Angst, keinen anderen Job oder nur einen schlechteren zu finden und dann Probleme zu bekommen, Dir nichts mehr leisten zu können und Deine Freunde und vielleicht sogar Deine Familie zu verlieren. Aufgrund des gleichen Gemisches von Angst und Sehnsucht bemühst Du Dich, Dich beim Chef beliebt zu machen und auf der Karriereleiter hinaufzuklettern, und setzt gegen die Kollegen die Ellenbogen ein oder erträgst es, von ihnen gemobbt zu werden. Der Verstand sagt hingegen: Das ist es alles nicht wert und es gibt noch viele andere Jobs, vielleicht nicht so gut bezahlte, aber dafür welche, die ein angenehmes Arbeitsklima mitbringen und den eigenen Stärken entsprechen, und das Wohlbefinden ist wichtiger als ein hohes Einkommen und viele Besitztümer. Der Verstand weiß auch, dass Menschen, die sich von Dir entfernen, nur weil Du keinen guten Job hast, arbeitslos bist oder Dir nichts leisten kannst, keine echten Freunde sind und Du ihnen insofern nicht nachzutrauern brauchst. Im schlimmsten Fall können Dich Deine Gefühle in einer Beziehung gefangen halten, in der Dein Partner Dich nur ausnutzt und Du Dein eigenes Leben komplett aufgibst, um ihm zu dienen. Das nennt man emotionale Abhängigkeit oder auch toxische (d. h. giftige) Beziehung. Du kannst einfach nicht gehen, weil Du so große Angst davor hast, allein zu sein, Dir ein Leben ohne diesen Menschen nicht vorstellen kannst und Dich ohne ihn wertlos fühlst. Der Partner ist in solchen Fällen meistens narzisstisch oder hält es aus anderweitigen psychischen oder charakterlichen Gründen für richtig, dass andere Menschen sich für ihn aufopfern und ihm zu Füßen liegen. Gerätst Du zu so einem Menschen in eine emotionale Abhängigkeit, bist Du für ihn eine perfekte willenlose Marionette und verlierst jegliche Selbstbestimmung und Selbstachtung. Wenn Du rechtzeitig Deinen Verstand einschaltest, entgehst Du dem ganzen Dilemma hingegen, denn er nimmt die Zeichen wahr, die auf das respektlose, egozentrische Verhalten des Partners hindeuten, und trifft die vernünftige Entscheidung, dass Du Dich direkt trennen solltest, bevor es noch schlimmer wird.

Fazit: Der Verstand ist der Weg in ein freies Leben, während Gefühle es möglich machen, dass Du fremdgesteuert wirst.

Das soll natürlich nicht bedeuten, dass Du ein gefühlloser Eisblock werden sollst – Gefühle, insbesondere positiver Art, sind natürlich auch für einen selbstbestimmten Menschen etwas Schönes und Wichtiges. Jedoch darfst Du Dich nicht von ihnen beeinflussen lassen. Du musst Dir also bewusst sein, dass Du ein bestimmtes Gefühl hast, und unabhängig davon Deine Entscheidungen allein mit Deinem Verstand treffen. Den Verstand darfst Du jedoch nicht mit Deinen eingespeicherten Überzeugungen verwechseln. Letztere basieren auf der Verknüpfung von Erlebnissen mit Gefühlen, während der Verstand darin besteht, dass Du vernünftig und frei nachdenkst und alles kritisch hinterfragst. Darauf, wie Du Dich von Deinen eingespeicherten Überzeugungen lossagst und Dich von blockierenden Gefühlen distanzierst, gehe ich später noch ausführlich ein.

WIE SCHWIMMT MAN AM BESTEN GEGEN DEN STROM?

Am liebsten möchtest Du jetzt vielleicht mit einem Aufschrei losrennen, ab durch die nächste Wand, mit dem Kopf voran. Das ist zwar besser, als weiterhin als Marionette nach den Wünschen anderer zu tanzen, aber nicht der klügste Weg. So eine Wand ist hart und dass Du sie mit Deinem Kopf einrennen kannst, ist unwahrscheinlich. Wahrscheinlich prallst Du zurück und landest auf dem Hintern. Selbst wenn Du es schaffst, bekommst Du bei der Aktion einige Blessuren.

Wenn Du Dein eigenes Leben führen und Dich nicht von anderen lenken lassen möchtest, wirst Du auf viel Kritik stoßen, die nicht immer freundlich ist. Das ist an sich nichts Schlimmes und so oder so unvermeidbar, aber Du musst lernen, damit umzugehen. Wenn Du Dich auf hitzige Diskussionen einlässt, vergeudest Du viel Energie und die Fronten verhärten sich wahrscheinlich so, dass Du immer stärkeren Gegenwind bekommst. Und da Du ziemlich emotional an die Sache herangehst, bist Du verletzlich und kannst daher leichter von Deinem Weg abgebracht werden.

Es ist nicht schön, von Menschen, vielleicht sogar von geliebten nahestehenden Personen, für das eigene Ich angegriffen oder belächelt zu werden. Aber es ist kein Grund, um sich aufzuregen oder sich in Streitereien verwickeln zu lassen. Du bist Du, egal, was die anderen sagen. Du kannst Dein Ding machen, auch wenn sie das nicht in Ordnung finden. Du bist nicht von ihnen abhängig. Also kannst Du vollkommen gelassen an Dein selbstbestimmtes Leben herangehen, und das solltest Du auch, denn in der Gelassenheit liegt der Schlüssel zur inneren Stärke. Wenn Dir jemand in Dein Leben hineinreden will, über Dich bestimmen will, Dich verspottet, etwas an Dir für nicht gut genug befindet oder auf irgendeine sonstige Art auf Dich Einfluss zu nehmen versucht, höre einfach nicht hin. Lass die Person reden und komisch gucken, wie sie will, und bleibe vollkommen ruhig. Lass alles einfach an Dir abprallen, indem Du tief und gleichmäßig atmest, lächelst und Dir innerlich sagst: „Was auch immer dieser Mensch von mir denkt, ich bin ich, und das ist gut so."

Selbstverständlich kann es auch mal sein, dass jemand aus einem guten Grund Kritik übt, weil Du tatsächlich etwas falsch gemacht hast und es ihm, anderen oder Dir selbst schadet, oder dass Du einen Sachverhalt komplett falsch siehst und die Person Dir die richtigen Informationen oder einen guten Rat geben will. Kritik an Äußerlichkeiten hat allerdings niemals einen guten Grund, denn Dein Aussehen gehört ganz Dir allein. Auch Deine Charaktereigenschaften, Interessen und Wünsche sind Dein persönliches Eigentum. Eine Einschränkung besteht aber dort, wo Du dadurch andere beeinträchtigst, denn hier hat die betroffene Person ein Mitspracherecht aufgrund ihrer eigenen Selbstbestimmtheit und Ihr müsst einen Kompromiss finden. Eine Bewertung aufgrund von (ggf. mangelndem) Geld oder Besitz ist absolut unangemessen, in so einem Fall schalte direkt auf Durchzug und gib Dich gar nicht damit ab.

Es sind faktisch also ziemlich wenige Fälle, in denen Du überlegen solltest, ob die anderen vielleicht doch recht haben, wie z.B. Dein Verhalten, sofern andere davon direkt oder indirekt betroffen sind, sowie Meinungen über Tatsachen. Hinterfrage in solchen Fällen sowohl die Ansichten der anderen wie auch Deine eigenen kritisch, betrachte die Dinge distanziert mit dem Verstand und bilde Dir daraufhin Dein Urteil. Übernimm keinesfalls einfach so eine Ansicht von jemand anderem, sondern denke immer zuerst selbstständig nach. Beobachte Dein Denken, Fühlen und Verhalten ständig, um frühzeitig zu erkennen, ob Du Dich lenken lässt, und sei wachsam gegenüber Beeinflussungsversuchen. Rege Dich nicht auf und sei nicht bekümmert, egal, wie abwertend und missgünstig Dir andere Menschen begegnen. Sie sind es nicht wert, ihretwegen schlechte Stimmung zu haben. Es ist Dein Leben und Du hast ein Recht darauf, es glücklich auf die Art zu leben, wie Du selbst es willst. Halte Dir das immer wieder vor Augen.

Um gelassener gegenüber Anfeindungen, Mobbing, Manipulationsversuchen etc. zu werden, solltest Du Dir klarmachen, warum Menschen so etwas tun. Es geht gar nicht um Dich persönlich, sondern der Grund liegt in ihnen selbst. Sie fühlen sich nicht gut genug, teils da sie selbst von den falschen Ansichten der Gesellschaft gelenkt werden, teils aufgrund psychischer Störungen. Indem sie andere, wie zum Beispiel Dich, schlechtreden, verformen, gefügig machen, ausnutzen oder auf sonstige Art manipulieren, fühlen sie sich größer und stärker. Sie wollen anerkannt sein und sehen ihre einzige Chance darin, andere herunterzumachen und zu verbiegen. Es sind also im Grunde wirklich bedauernswerte Personen, die so handeln. Das macht ihr Verhalten zwar nicht besser, aber es hilft Dir, Dir ein dickes Fell gegenüber diesen Menschen anzuschaffen. Triff Deine eigenen Entscheidungen, führe Dein eigenes Leben, sei mit Dir selbst im Einklang und kümmere Dich gar nicht darum, was andere über Dich denken. Um selbstbestimmt zu leben, musst Du nicht die anderen dazu bringen, Dich zu akzeptieren, sondern Du musst so mutig, stark und gelassen sein, dass es Dir nichts ausmacht, wie sie auf Dich reagieren.

Es liegt also ganz an Dir selbst, was Du aus Deinem Leben machst. Du allein hältst die Zügel in der Hand. Du allein trägst die Verantwortung für Dein Leben. Das zu verstehen, ist der erste Schritt. Danach geht es darum, zu erkennen, in welchen Bereichen Du bisher nicht selbstbestimmt lebst und wie Du es ändern kannst. Sei Dir aber von vornherein bewusst, dass Du nicht alles ändern kannst. Manche Dinge muss man einfach akzeptieren, denn es nützt nichts, sich an etwas aufzureiben, das man nicht beeinflussen kann. Diese Dinge musst Du dann als Teil von Dir in Dein Leben aufnehmen und Wege finden, wie Du trotzdem ein erfülltes, selbstbestimmtes Leben führen kannst.

Bei allem, was Du ändern möchtest, frage Dich also zunächst: „Kann ich es ändern, entweder allein oder mit Hilfe?“ Hinterfrage Deine Antwort nochmal, wenn es ein Nein ist, denn oftmals erscheint etwas zwar unmöglich, ist es aber nicht, oder die Unmöglichkeit besteht nur momentan. Unmöglich erscheint zum Beispiel, zu Fuß von Deutschland nach China zu gehen, jedoch müsstest Du nur genügend Zeit mitnehmen und an vielen Orten Zwischenstopps einlegen, um Dich auszuruhen und etwas zu essen. Gänzlich unmöglich wäre es hingegen, zu Fuß nach Australien zu gehen, denn dieser Kontinent ist bekanntlich komplett von Wasser umgeben und über das Wasser gehen kann man nun einmal nicht. Momentan unmöglich wäre es, per Flugzeug oder Schiff nach Australien zu gelangen, wenn Du dafür nicht genügend Geld hast, aber Du kannst darauf sparen und Dir den Traum irgendwann erfüllen.

Überlege Dir bei jedem Deiner Wünsche und Ziele genau, ob sie wirklich nicht umsetzbar sind oder ob der Weg dorthin einfach etwas länger und umständlicher ist. Zum Beispiel kannst Du ohne Fachkenntnisse kein Solartechniker werden, aber Du kannst eine entsprechende Ausbildung machen, und ohne Italienischkenntnisse empfiehlt es sich nicht, in Italien arbeiten zu wollen, aber Du kannst die Sprache lernen. Indem Du Dir in Ruhe einen Plan machst und Dir von niemandem hereinreden lässt, kannst Du über kurz oder lang vieles bewerkstelligen.

Neben tatsächlichen eigenen Unmöglichkeiten geben natürlich auch die Gesetze einen Rahmen für Deine freie Entfaltung vor – Du darfst zum Beispiel nicht ohne Führerschein Auto fahren, selbst wenn Du dazu in der Lage bist, Du musst auch mit geringem Einkommen eine Steuererklärung abgeben und darfst nicht ohne gültige Fahrkarte mit der Bahn fahren. Wenn Du Dich daran nicht halten möchtest, kannst Du noch so sehr auf Dein Selbstbestimmungsrecht pochen, es bringt Dir nichts und Du kommst in Schwierigkeiten. Selbst wenn man über den Sinn oder die Auslegung mancher Gesetze streiten könnte, musst Du sie akzeptieren, da sie bekanntlich von den Regierungen beschlossen werden. Mitzudenken und sich zu informieren, kann sich aber trotzdem lohnen, da der Einzelne durch seine Stimme bei den

Wahlen einen (wenn auch sehr kleinen und nur mittelbaren) Einfluss auf die Gesetzgebung hat.

Privat kannst Du Dich von jeglicher Verbiegung freimachen und einfach Dein selbstbestimmtes Leben führen. Eine Ausnahme gilt lediglich, wenn Du ein minderjähriges Kind hast, da Du Deine Verantwortung für dieses bedenken musst, und, wie schon gesagt, darfst Du niemanden durch Dein Verhalten schädigen. Abgesehen davon braucht es Dich nicht zu kümmern, was andere von Dir denken, denn erstens geht man nicht zugrunde, wenn man schief angeguckt oder verspottet wird, und auf falsche Freunde kann man gut verzichten. Du kannst trotzdem glücklich sein, es ist nur eine Frage Deiner inneren Einstellung. Zweitens wirst Du, wenn Du Deinen richtigen Weg gehst, ganz sicher Menschen treffen, die auf Deiner Wellenlänge liegen, und insofern echte Freunde finden, für die Du Dich nicht verbiegen musst.

Indem Du Dich nicht durch das Urteil anderer Menschen lenken lässt, entgehst Du außerdem zum Teil dem Druck, in der Wirtschaftswelt funktionieren zu müssen. Es bleibt jedoch das Problem, dass man in unserer Gesellschaft zum Überleben Geld braucht. Alles kostet Geld, nur die Luft zum Atmen glücklicherweise noch nicht. Du könntest natürlich aus allem unnötigen Konsum aussteigen und zum Selbstversorger werden. Ein großes Grundstück mit einer kleinen Hütte, eine eigene Solaranlage auf dem Dach für Strom und Heizung, eine Komposttoilette, eine Milchkuh, ein paar Hühner zum Eierlegen und viele Nutzpflanzen, die Dich mit Obst, Gemüse, Getreide und Kräutern versorgen. So weit, so gut. Aber es ist unwahrscheinlich, dass Du Deinen gesamten Nahrungsbedarf aus der Selbstversorgung decken könntest, denn alles könntest Du nicht selbst herstellen oder in nötigem Umfang anbauen. Schon beim Brot wird es schwierig, da Du dafür regelmäßig viel Getreide benötigst. Zu Hause Käse oder Nudeln herzustellen, ist auch problematisch, mal ganz abgesehen von Schokolade, und Kaffee wächst hierzulande nicht. Hin und wieder müsstest Du also doch einkaufen gehen, und dafür brauchst Du Geld. Weit mehr Geld brauchst

Du aber, um Dir überhaupt das Grundstück, die Hütte, das Solardach etc. zu kaufen. Grundsteuer zahlen musst Du auch, vielleicht musst Du mal zum Arzt und auf fließendes Wasser möchtest Du sicher nicht verzichten.

Zu einem gewissen Teil könnte man sich also aus der Wirtschaftsgesellschaft zurückziehen, aber nicht komplett. Daher hilft es nichts, sofern man kein riesiges Sparkonto hat, muss man arbeiten. Das ist eigentlich auch nichts so Schlimmes, wenn Du Dich dabei nicht verausgabst und es ein Beruf ist, der Dir Spaß macht, Deinen Stärken entspricht und bei dem ein gutes Arbeitsklima herrscht. Jeder hat das Recht darauf, ein glückliches Leben zu führen, und dazu gehört auch ein Job, den man gern ausübt. Was für Dich erfüllend ist und was Du als erträglich empfindest, um Dir und gegebenenfalls Deinen Kindern das Leben zu finanzieren, musst Du selbst abwägen. Du solltest Dir jedoch keine Fußfessel durch die Suche nach Anerkennung oder das Streben nach Besitz anlegen. Indem Du Dich nicht um das Urteil anderer kümmerst und auf unnötigen Konsum verzichtest, bist Du in Deiner Berufswahl und Arbeitszeitgestaltung um einiges freier, da Du weniger Geld verdienen musst. Was Du auch tust, entscheide immer selbst und lass Dich zu nichts drängen, was Du nicht mit Deinem Inneren vereinbaren kannst.

Zurück zum Selbst – aber wie?

Du weißt jetzt, dass Du gelenkt wirst, und Du hast schon ein paar erste Schritte in Richtung selbstbestimmtes Leben gemacht. Mit den Übungen und Tipps in diesem Kapitel möchte ich Dir helfen, Dich selbst kennenzulernen, Dein Inneres wiederzuentdecken und Dein wahres Ich zu finden, und Dir zeigen, wie Du ein starkes Selbstbewusstsein entwickeln kannst.

ZEIT FÜR DICH

Du bist voll von fremden Eindrücken und Ansprüchen, die Du in Dir gespeichert hast, und minütlich kommen neue hinzu. Kein Wunder, dass es da schwerfällt, Dein wahres Selbst zu erkennen und ihm getreu zu leben. Du findest Dich nicht inmitten der anderen Menschen, geschweige denn in den Medien. Du musst Dich ganz auf Dich selbst konzentrieren und von all den äußeren Einflüssen abschalten. Nimm Dir Zeit für Dich ganz allein, ziehe Dich zurück und mach es Dir gemütlich oder sei aktiv und tu etwas, das Dir Spaß macht.

Indem Du ein Hobby ausübst, das Dich erfüllt, kommst Du Dir gleich doppelt näher, denn Du beschäftigst Dich mit Dir selbst und gehst einer Tätigkeit nach, die Dir entspricht. Es sollte aber eine Beschäftigung sein, der Du allein nachgehen kannst, denn Du sollst ja Zeit für Dich selbst haben und Dich nicht schon wieder den Meinungen anderer aussetzen. Eine Ausnahme gilt, wenn Du Dir bei einer Person hundertprozentig sicher bist, dass sie vollkommen hinter Dir steht, egal, was Du tust. Sie kann Dir im Gegensatz zu anderen sogar helfen, zu Dir selbst zu finden, besonders, wenn sie Dich schon lange kennt und somit wahrscheinlich in Zeiten erlebt hat, in denen Du noch nicht so ferngesteuert warst.

Eine weitere gute Möglichkeit, um mit Dir selbst in Einklang zu kommen, ist Sport – wiederum aber nur allein oder mit einer Vertrauensperson. Suche Dir eine Sportart aus, die Du gern magst, und probiere ruhig auch mehrere aus. Dies ist wiederum ein Teil Deiner Selbstfindung. Sport baut Stress ab, fördert die innere Balance und erleichtert das klare Denken.

Dasselbe gilt für die Natur, also solltest Du zum Beispiel ausgedehnte Spaziergänge im Grünen machen, joggen oder Fahrrad fahren. Setze Dich auch einfach mal auf eine Bank oder eine Wiese und genieße die stärkende, entspannende Wirkung der Natur. Du wirst merken, wie Du plötzlich durchatmen kannst, Zuversicht gewinnst und Deine Gedanken sich von ganz allein in Bewegung setzen, nicht jedoch in der üblichen sinnlosen Grübelei, sondern klar und zielführend. Denke nicht angestrengt nach, Du sollst Dich erst einmal nur entspannen und Kontakt zu Dir aufnehmen, aber lass die Gedanken sich frei bewegen.

Versuche, Stress so weit wie möglich aus dem Weg zu gehen oder ihn nicht an Dich heranzulassen, indem Du Dich bewusst entspannst, tief atmest und Dir immer wieder Ruhepausen gönnst. Im Stress neigt man nämlich dazu, sich einschüchtern zu lassen und keine vernünf-

tigen Entscheidungen mehr treffen zu können – die ideale Voraussetzung, um manipuliert zu werden.
Um Dich zu entspannen und Energie zu tanken, ist zudem ausreichend Schlaf wichtig. Sorge dafür, dass Du während des Schlafens keine fremden Einflüsse aufnimmst, schalte also Fernseher, Radio etc. aus, denn ansonsten prägst Du Dir unbewusst ein, was dort gesagt wird, und wirst dann möglicherweise dadurch gelenkt. Vor dem Schlafengehen solltest Du Dich für mindestens eine halbe Stunde in kompletter Ruhe zurückziehen, einfach ruhig atmen und Dich auf Dich selbst konzentrieren, um besser einschlafen zu können und von fremden Eindrücken abzuschalten.

Wenn Du mit anderen Menschen zusammenlebst, erkläre ihnen, dass es wichtig ist, dass jeder Zeit für sich hat, und dass sie Deinen Wunsch respektieren müssen. Falls Du auf Unverständnis stößt, bleibe gelassen und lass Dich dadurch nicht irritieren. Nimm Dir die Zeit, die Du für Dich brauchst, und lass Dir nicht einreden, dass dies egoistisch sei. Es geht nicht darum, Dich nicht mehr um Deine Familie zu kümmern oder keine Zeit mehr mit Deinem Partner zu verbringen, sondern einfach nur darum, Dich hin und wieder zurückzuziehen, damit Du Dich mit Dir selbst beschäftigen und Deine Akkus auftanken kannst. Das sollte jeder respektieren, der Dich mag, und niemand kann es Dir verbieten.

DIGITAL DETOX

Ein Tag ohne Handy, Computer oder Fernsehen ist für kaum jemanden heutzutage noch vorstellbar. Wie sehr Dich diese Medien ins Marionetten-Dasein ziehen, habe ich Dir bereits erklärt. Du solltest Dich daher so weit wie möglich von diesen Einflüssen freimachen. Beruflich kannst Du der Computer- und Handynutzung zwar oft nicht entgehen, aber privat hast Du es selbst in der Hand. Es spricht nichts dagegen, sich mit Freunden per WhatsApp oder Ähnlichem zu verabreden oder am Computer die Online-Ausgabe einer Tageszeitung zu lesen, und ein Smartphone ist auch ein guter Fotoapparat für spontane Schnappschüsse von schönen Erlebnissen. Auf Spiele auf dem Handy, dem PC oder ähnlichen Geräten solltest Du jedoch verzichten, ebenso wie auf langes Chatten, Internet-Shopping, Video-Streaming und dergleichen. Lege Dir eine tägliche Zeit fest, die Du insgesamt (inklusive „kurz mal gucken, ob jemand geschrieben hat“) am Handy, am Computer und ähnlichen Geräten verbringen darfst. Außerhalb dieser Zeiten solltest Du die Geräte ausschalten bzw. im Fall eines Handys dieses zumindest lautlos einstellen. Wähle, wenn Du fernsehen möchtest, die Sendungen ausschließlich nach Deinen eigenen Vorlieben aus (es sei denn, Du hast Kinder und diese möchten ihre Sendungen mit Dir zusammen ansehen). Setze Dir dort ebenfalls ein Limit und schalte den Fernseher nach Ende der auserwählten Sendungen sofort ab.

Je mehr Du an die Nutzung digitaler Medien gewöhnt bist, desto schwerer wird es Dir fallen, darauf zu verzichten, besonders am Anfang. Da hilft nur Disziplin und eine aktive Beschäftigung, um Dich abzulenken. Nutze die gewonnene Zeit produktiv, treibe zum Beispiel Sport, kümmere Dich um den Haushalt oder triff Dich mit Freunden.

Einmal pro Woche solltest Du außerdem einen gesamten Tag ohne Handy, Computer, Fernsehen etc. verbringen, um von diesen ganzen Einflüssen komplett abzuschalten, zur Ruhe zu kommen und Dich auf das reale Leben zu konzentrieren.

BLOCKIERENDE GLAUBENSSÄTZE AUFDECKEN & ÄNDERN

Ich erklärte Dir im Verlauf dieses Buches schon, dass Du im Laufe Deines Lebens Erfahrungen und Informationen in Deinem Unterbewusstsein einspeicherst und diese Dein Verhalten beeinflussen. Das Gehirn erstellt sozusagen eine Formel, aus der es einen Handlungsablauf generiert, ähnlich, wie es in einem Computer passiert. Beim menschlichen Gehirn nennt man diese Formeln „Glaubenssätze". Du hast unzählige davon, jeder hat das, und teils ist das auch gut so. Das gesamte Lernen funktioniert auf Basis solcher Merksätze. Wenn Du zum Beispiel nicht aufpasst, sodass Dir ein Glas herunterfällt und auf dem Boden zerspringt, merkst Du Dir: Gläser sollte man gut festhalten, sonst gehen sie kaputt und Du hast unter Umständen Kummer, wenn Du das Glas mochtest, auf jeden Fall aber eine Sauerei auf dem Fußboden und bekommst beim Aufsammeln vielleicht auch noch Schnittwunden an den Händen. Somit achtest Du in Zukunft besser darauf, kein Glas fallen zu lassen. Du merkst Dir zum Beispiel auch als Kind, dass man an einer roten Ampel stehen bleibt, weil Deine Eltern Dir erklären, dass Du sonst Dein Leben gefährdest. Und Du verstehst, dass man sich bei kaltem Wetter warm anziehen sollte, weil ein Freund von Dir sich erkältet hat, nachdem er im Schnee mit kurzer Hose unterwegs war.

Die Basis für Glaubenssätze bilden somit zum einen eigene Erfahrungen, zum anderen aber Erzählungen anderer Menschen und die Beobachtung Deiner Umwelt. In der Kindheit wird innerhalb kurzer Zeit ein immenses Spektrum an Glaubenssätzen eingespeichert, jedoch geht der Prozess während des gesamten Lebens weiter. Nicht immer entwickelt sich sofort aus einer Erfahrung oder Information ein Glaubenssatz, sondern es braucht teilweise mehrere Male, damit sich eine Überzeugung einspeichert. Hat sie sich dann erst einmal eingespeichert, wird sie zum sich selbst erhaltenden System. Denn indem Du Dich ihr entsprechend verhältst, stärkst Du sie, weil sich die betreffenden Denkstrukturen erweitern und festigen. So wird bald eine Gewohnheit daraus und je länger Du dieser folgst, desto tiefer prägt sie sich bei Dir ein. Nach einer gewissen Zeit hast Du das betreffende Denk- und Verhaltensmuster so tief eingespeichert, dass es ganz automatisch stattfindet, ohne dass Du Dir dessen bewusst bist.

Leider sind bei Weitem nicht alle Glaubenssätze so wahrheitsgemäß und nützlich wie die oben genannten. Überzeugungen bilden sich zum Beispiel auch aufgrund fehlerhafter Informationen oder falscher Verknüpfungen Deines Gehirns. Wenn Dir zum Beispiel mehrere Leute sagen, dass Du zu dick bist, fängst Du an, Dich selbst als zu dick wahrzunehmen, auch wenn Du sehr schlank bist. Folglich fängst Du an zu hungern und wenn Du die Überzeugung tief abspeicherst, entsteht Magersucht. Ein harmloseres Beispiel ist, dass jemand das Gerücht in die Welt setzt, dass es an einem bestimmten Tag in einem bestimmten Lokal Freigetränke gibt. Viele, die von ihm direkt oder auf Umwegen davon hören, gehen dann dorthin und wundern sich, dass es gar keine Freigetränke gibt. Daraufhin werden sie ärgerlich, vielleicht sogar richtig wütend – nicht aber auf die Person, die das Gerücht in die Welt gesetzt hat, sondern auf den Gastwirt, der ihnen die angeblich versprochenen Freigetränke verwehrt. Um negative Propaganda zu vermeiden, gibt der Wirt am Ende vielleicht sogar tatsächlich Freigetränke aus.

Auch Werbung funktioniert aufgrund von Glaubenssätzen, zum Beispiel: „Du musst jung und attraktiv aussehen, um beliebt zu sein", „Erfolg macht glücklich", „Du brauchst ein schickes Auto, um angesehen zu sein", „Frauen müssen Make-up tragen", „Du musst im Urlaub in ein fernes Land reisen, um Dich zu erholen" und dergleichen. Derartige Überzeugungen sind ohnehin in der Gesellschaft vorhanden, da hat die Werbung ein leichtes Spiel, und indem sie diese wiedergibt, fördert sie sie gleichermaßen.

Glaubenssätze können sogar zu Diskriminierung und Krieg führen. Zum Beispiel waren Frauen in unserer Kultur für lange Zeit als minderwertig angesehen (und sind es in manchen Kulturen noch heute), Menschen mit dunkler Hautfarbe wurden jahrhundertelang als Sklaven gehalten, wie Sachen behandelt sowie für schwere Arbeit ausgebeutet und im Dritten Reich wurden Menschen mit jüdischen Wurzeln als Gefahr bezeichnet und grausam ermordet. Noch heute hört man teils Ansichten wie „Die von da sind gefährlich“, „Eine Frau kann doch kein Auto reparieren“ oder „Die Flüchtlinge kommen nur her, um uns unsere Arbeit wegzunehmen“. Glaubenssätze können die ganze Gesellschaft prägen, und das, wie Du siehst, leider nicht immer auf gute Art.

Auch für Dich selbst können falsche Glaubenssätze erhebliche negative Auswirkungen haben, indem sie Dich an Deinem selbstbestimmten Leben hindern und Dich dazu bringen, Dich anders zu verhalten, als es gut für Dein Selbst ist. Eine wichtige Rolle beim Einspeichern von Glaubenssätzen spielen Gefühle – ganz oben wiederum die Angst, dass Du allein dastehen oder negative Dinge erleben könntest, und die Sehnsucht danach, anerkannt zu werden und Erfolg zu haben. Du hast vieles darüber gespeichert, wie Du Dich verhalten musst, um den negativen Gefühlen zu entgehen und positives Feedback zu bekommen. Zum Beispiel kleidest Du Dich modisch, um Spott zu vermeiden und bewundernde Blicke zu bekommen, oder Du machst Dinge, die Du normalerweise nicht tun würdest, um dazuzugehören und nicht ausgegrenzt zu werden. „Ich muss schön sein“, „Ich muss viel Geld haben“, „Ich muss allen alles recht machen“ oder „Ich darf nicht meine Meinung sagen“ sind nur einige von diversen Beispielen für persönliche Glaubenssätze. Meist beginnen diese selbstbetrügerischen Überzeugungen mit „Ich kann nicht“, „Ich kann nur“, „Ich darf nicht“, „Ich muss“ oder „Ich bin“ bzw. „Ich bin nicht“.

Das Problem ist, dass sie, wie gesagt, tief in Deinem Unterbewusstsein eingespeichert sind und Du insofern gar nicht mitbekommst, wie fehlgesteuert Du bist. So gesehen könntest Du nichts dagegen tun, denn um etwas zu ändern, muss man es zunächst erkennen.

Es gibt aber einen Weg, wie Du Deine blockierenden Glaubenssätze aufdecken kannst. Hierfür benötigst Du Schreibpapier, einen Stift und viel Aufmerksamkeit. Beobachte Deine Gedanken, Gefühle und Verhaltensweisen zunächst für ungefähr eine Woche. Immer, wenn Du Dir darüber Gedanken machst, was andere von Dir denken könnten, Du negative Gefühle hast und/oder den Eindruck verspürst, Dich anders zu verhalten, als Du es wirklich willst, notiere Dir alles, was Du bemerkst. Gehe nach diesem Schema vor:

1. Situation (zum Beispiel „Familientreffen")

2. Gedanken („Was soll ich bloß anziehen; wie sehe ich denn wieder aus; bestimmt macht XY wieder Kommentare; was werden die sagen, wenn sie hören, dass ich meinen Job verloren habe; bestimmt bin ich wieder der Loser wie schon als Kind")

3. Gefühle („Angst, Scham, Wut, Selbstzweifel, Minderwertigkeit, Verzweiflung")

4. Verhalten („Verkleiden in förmlichen Anziehsachen, mehrfaches Umfrisieren, etliche kritische Blicke in den Spiegel, Ausdenken von Lügengeschichten")

Verfahre so für jede Situation, die Du im Laufe der Woche erlebst, selbst wenn sie Dir noch so banal erscheint (zum Beispiel auch, wenn Du einkaufen gehst, mit einem Kollegen sprichst, die Kinder von der Schule abholst oder Dir einen Coffee-to-go holst). Notiere außerdem Deine negativen Gedanken und Gefühle sowie gegebenenfalls Verhaltensreaktionen, wenn gerade gar nichts geschieht. Denn oftmals kommen Gedanken einfach so über Dich und beeinflussen Deine Stimmung, sodass sie sich auf Deine grundsätzliche Einstellung auswirken.

Wenn Du mit Deinen Beobachtungen fertig bist, schau Dir alles an. Sicher wirst Du wiederkehrende Schemata erkennen, nach dem Motto

„Wenn ich das und das denke, verhalte ich mich soundso". Du wirst bestimmt auch bemerken, dass gewisse Gedanken und Gefühle immer wieder auftauchen. Deinen blockierenden Glaubenssätzen kannst Du nun gleich auf dreierlei Weise den Kampf ansagen.

Zuerst nimm Dir Deine Gedanken vor. Schreibe alle ähnlichen Gedanken jeweils zusammen auf einen gesonderten Zettel. Für jede Gruppe überlege dann, was die dahinterliegende Überzeugung ist. Im obigen Beispiel wären es die Glaubenssätze „Ich muss anderen gefallen" und „Ich bin nicht gut genug". Zu jedem Deiner blockierenden Glaubenssätze denke Dir anschließend einen gegenteiligen Satz aus. Hier wären es zum Beispiel „Ich muss nur mir selbst gefallen" und „Ich bin gut, wie ich bin". Diese neuen Überzeugungen müssen aussagekräftig sein, stark klingen und so formuliert sein, als ob sie die Realität sind. Vermeide Verneinungen und Formulierungen von Wünschen, denn dies schwächt Deine neuen, positiven Glaubenssätze ab. Schreibe diese Sätze auf und lerne sie auswendig. Immer, wenn Du einen Gedanken in Dir bemerkst, der einem der alten, blockierenden Glaubenssätze entspricht, sage Dir im Geiste oder auch laut mit Nachdruck den betreffenden neuen Satz. Wiederhole ihn mehrfach, bis Du merkst, dass die negativen Gefühle verschwinden und Du selbstsicherer wirst. Zusätzlich solltest Du Dir pro Woche einen Deiner neuen Glaubenssätze morgens, mittags und abends jeweils fünfmal hintereinander aufsagen, damit er sich besser in Dir einspeichert. Wichtig ist in jedem Fall, dass Du Dich absolut auf den jeweiligen positiven Satz konzentrierst, an ihn glaubst und ihn bewusst in Dich aufnimmst.

Der zweite Ansatzpunkt ist Deine Gefühlswelt. Schau Dir wieder Deine Notizen an und gehe im Geiste in die betreffenden Situationen zurück. Frage Dich: „Warum habe ich dieses Gefühl?" Indem Du Deine Gefühle mit Deinem Verstand hinterfragst, gewinnst Du Abstand zu ihnen und beschäftigst Dich gleichzeitig mit Deinen inneren Vorgängen. Es geht nicht darum, die Vergangenheit zu erforschen. Ereignisse, die einst dafür gesorgt haben, dass Du in bestimmten Situationen bestimmte Gefühle hattest, sollen jetzt nicht bearbeitet werden. Wenn Du merkst, dass Du mit etwas aus Deiner Vergangenheit nicht zurechtkommst, solltest Du Dir psychologische Unterstützung suchen. Hier soll es nur darum gehen, dass Du Dich von blockierenden Gefühlen befreist und verstehst, was in Dir vorgeht, wenn Du Dich verbiegst.

Um negative Emotionen loszuwerden, reicht es jedoch mitunter nicht, sie nur zu hinterfragen, denn Gefühle sind schwer zu kontrollieren. Du solltest dennoch immer, wenn Du ein negatives Gefühl verspürst, direkt „Stopp" sagen und Dich fragen, warum Du Dich gerade so fühlst. Zusätzlich solltest Du die negativen Gefühle aus Deinen Notizen sowie alle, die weiterhin in Dir auftauchen, durch geistige Übungen verbannen. Nimm Dir immer nur eine Emotion zur selben Zeit vor. Stelle Dir zum Beispiel vor, dass Du sie in die Wolken hinaufschickst und sie mit diesen weggetragen wird. Wenn Du ein Gewässer in der Nähe hast, kannst Du auch kleine Steine oder Stöcke ins Wasser werfen und Dir vorstellen, dass es sich dabei um eines Deiner negativen Gefühle handelt. Oder Du schreibst die Bezeichnung für ein Gefühl in den Sand und lässt es von den Wellen wegwaschen oder verwischst es selbst mit dem Fuß. Letzteres geht sogar auf einem Feldweg oder in einer Sandkiste. Du kannst auch Pusteblumen oder Seifenblasen verwenden, um Deine Gefühle wegzuschicken. Der positive Nebeneffekt dabei ist, dass Du Deinen eigenen Atem einsetzt, um sie wegzupusten, und Dich dadurch stärker fühlst. Falls Dir das alles zu kompliziert ist, schreibe Deine Gefühle einfach auf Papier und zerreiße dieses in kleine Stückchen, die Du sofort in die Restmülltonne bringst. Ganz gleich, welche Methode Du nutzt, Du musst sie sicher mehrfach anwenden, damit die negativen Gefühle weggehen. Hier sind Disziplin und Gelassenheit gefragt. Mit der Zeit wirst Du aber merken, dass die Abstände, in denen Du die betreffenden Gefühle verspürst, immer länger werden und die Intensität der Gefühle abnimmt.

Sobald Du begonnen hast, neue Glaubenssätze zu entwickeln und Dich von Deinen Gefühlen zu distanzieren, kannst Du Deine Verhaltensweisen mit Deinem Verstand beurteilen. Dies ist der dritte Angriffspunkt für Deine blockierenden Glaubenssätze. Gehe wiederum im Geiste in die Situationen zurück. Frage Dich: „Ist mein Verhalten in dieser Situation angemessen?“ Achte darauf, dass sich jetzt nicht doch wieder falsche Überzeugungen oder negative Gefühle einmischen. Als Mensch, der Angst vor mangelnder Anerkennung hat und überzeugt davon ist, anderen gefallen zu müssen, wirst Du es sicher angemessen finden, Dich für ein Familientreffen zu verkleiden und Deinen Jobverlust zu verschweigen. Vernünftig betrachtet ist es jedoch nicht angemessen, denn es kann Dir nichts wirklich Schlimmes passieren, wenn Du Dich so anziehst, wie Du möchtest, und die Wahrheit sagst.

Wäge ausschließlich mit Deinem Verstand ab und frage Dich: „Was kann schlimmstenfalls passieren, wenn ich mich anders verhalte? Ist dies wirklich so schlimm, dass ich mich dafür verbiege?“ Wenn Du Dir unsicher bist, überlege Dir, welche positiven Möglichkeiten Du gegebenenfalls hast, wenn der schlimmste Fall eintritt. In Situationen, die große Auswirkungen auf Dich und gegebenenfalls Deine Familie haben können, solltest Du lieber längerfristige Pläne entwickeln, wie Du Dir selbst treu sein kannst, und diszipliniert daran arbeiten, diese umzusetzen. Es gibt aber sicher viele relativ banale Situationen, wie das Familientreffen im obigen Beispiel. Hier solltest Du direkt Dein Verhalten ändern und das Gegenteil von dem tun, was Du sonst getan hast. Im Beispielfall würde das heißen: Gehe in Deinen Lieblingssachen zu dem Treffen und erzähle offen und selbstbewusst, dass Du zurzeit ohne Arbeit bist. Wenn dann die befürchteten negativen Reaktionen kommen, bleibe gelassen, lächle und lass die negative Energie von Dir abprallen, indem Du Dir vorstellst, dass Du von einer unsichtbaren Mauer oder einer Lichthülle umgeben bist. Übe zunächst im Geiste an den Situationen, die Du Dir notiert hast, um Dich zu stärken. Gehe jedoch schnell dazu über, neue Situationen direkt zu analysieren und die Verhaltensübung in der Praxis anzuwenden.

Beobachte Dich fortan immer genau. Du brauchst Dir nicht alles aufzuschreiben, aber um zu vermeiden, dass Du Dich doch wieder lenken lässt, musst Du bewusst Deine Gedanken, Gefühle und Verhaltensweisen wahrnehmen und gegebenenfalls sofort aktiv gegensteuern. Ein selbstbestimmter Mensch wird man nicht von heute auf morgen, sondern es braucht viel Zeit, um alte Gewohnheiten loszuwerden und innere Stärke aufzubauen. Und da die Welt voller Menschen ist, die Dich lenken wollen, musst Du in jedem Moment Deines Lebens auf Dein Selbst aufpassen.

SELBSTBEFRAGUNG: WER BIST DU UND WAS WILLST DU?

Wahrscheinlich hast Du Dich schon seit Deiner Kindheit teilweise verbogen, vielleicht hat es auch erst im Erwachsenenalter begonnen. In jedem Fall hast Du sicher vieles von dem, was Du eigentlich willst und wer Du überhaupt bist, vergessen. Um ein selbstbestimmtes Leben zu führen, musst Du Dein Selbst erst einmal wiederentdecken. Deshalb gehe jetzt in Dich und lerne Dich kennen. Nimm Dir dafür viel Zeit und suche Dir ein absolut ruhiges Plätzchen, an dem Du von nichts und niemandem gestört wirst. Auch Handy, Telefon und Türklingel solltest Du ausschalten. Mach es Dir so richtig schön bequem und entspanne Dich. Schließe die Augen und atme tief, ruhig und gleichmäßig. Denke an nichts Bestimmtes und lass Gedanken, die in Dir auftauchen, einfach vorbeiziehen, indem Du Dich auf Deinen Atem konzentrierst.

Wenn Du Dich ganz entspannt und mit Dir selbst im Einklang fühlst, beginne mit der Befragung Deines Inneren. Stell immer nur eine Frage auf einmal und gib Deinem Inneren Zeit, um darauf zu antworten. Ob wirklich Dein Inneres Dir antwortet oder sich eine blockierende Überzeugung einmischt, erkennst Du durch achtsames Hören und Fühlen. Manchmal hörst Du fremde Einflüsse schon daran, dass

Dein vermeintliches Inneres mit der Stimme eines anderen Menschen spricht. Ansonsten merkst Du sie an Deinem Bauchgefühl. Dies hat nichts mit den Gefühlen zu tun, die Du aufgrund falscher Glaubenssätze hast, sondern es ist das Sprachrohr Deiner Seele. Sträubt sich irgendetwas in Dir, spürst Du einen Widerstand, ein Gefühl von Anspannung oder ein flaues Gefühl in der Magengegend, bist es nicht Du selbst, der antwortet. Wirf die betreffenden Antworten im Geiste in eine Mülltonne und stell die Frage dann noch einmal, nachdem Du eine Weile einfach ruhig geatmet hast.

Falls Du merkst, dass die Kommunikation mit Deinem Inneren noch nicht gut genug funktioniert, brich die Übung ab und wiederhole sie nach einiger Zeit, in der Du andere Übungen machst, um zu Dir selbst zu finden. Wenn es im Sitzen an einem gemütlichen Ort zu Hause nicht funktioniert, kannst Du es auch bei einem Spaziergang in der Natur versuchen. Die folgenden Fragen solltest Du Dir stellen, aber darüber hinaus kannst Du Dir auch eigene ausdenken.

Stelle Dir maximal fünf Fragen auf einmal, sonst wird es zu viel, denn Du sollst Dir die Antworten merken und sie aufschreiben, nachdem Du langsam aus Deiner Versunkenheit zurückgekehrt bist und die Augen geöffnet hast. Schreibe Dir einen Zettel für Deine Ziele, einen für die positiven Aspekte Deines jetzigen Lebens und einen für die negativen Dinge. Die positiven Dinge solltest Du ausbauen und die negativen abstellen. Das kann auch heißen, dass Du Dich von Freunden oder Verwandten distanzieren solltest, die Dir nicht guttun. Wenn diese Menschen eine wichtige Rolle in Deinem Leben spielen, solltest Du ihnen aber die Möglichkeit geben, sich zu ändern, indem Du offen mit ihnen darüber sprichst, dass sie Dich so respektieren müssen, wie Du wirklich bist.

- Was ist mir im Leben wichtig / worauf möchte ich nicht verzichten?
- Welche Ziele möchte ich unbedingt erreichen?
- Was möchte ich Sinnvolles für die Welt tun?
- Bin ich mit meinem Privatleben zufrieden? Was würde ich gern verändern?
- Bin ich mit meinem Berufsleben zufrieden? Was würde ich gern verändern?
- Bei welchen Tätigkeiten / in welchen Situationen fühle ich mich wohl?
- Bei welchen Tätigkeiten / in welchen Situationen fühle ich mich nicht gut?
- Bei welchen Menschen fühle ich mich gut? Bei wem kann ich ganz ich selbst sein?
- Bei welchen Menschen fühle ich mich unwohl oder habe das Gefühl, mich verstellen zu müssen?
- Was kann ich gut?
- Was möchte ich noch lernen?
- Was wollte ich immer schon mal ausprobieren?
- Was liebe ich an mir?
- Was wünsche ich mir?
- Wie sollte mein Leben in 10, 20, 30 Jahren aussehen?
- Was macht mich glücklich?

Für Deine Wünsche und Ziele überlege Dir, ob und wie Du sie umsetzen kannst. Fertige jeweils einen eigenen Zettel an und schreibe darauf die Schritte, die Du auf dem Weg zu dem betreffenden Ziel gehen musst. Sortiere die Zettel anschließend nach Priorität. Beginne mit der schrittweisen Umsetzung des wichtigsten Ziels am besten sofort, sofern es möglich ist. Immer, wenn Du ein Etappenziel erreicht hast, hake dieses ab oder zeichne Dir einen lächelnden Smiley daneben. Du solltest Dir für jedes Etappenziel einen ungefähren Zeitraum festlegen, um sicher zu sein, dass Du am Ball bleibst. Lass aber den Kopf nicht hängen, wenn Du es nicht einhalten kannst, sondern hole es dann einfach nach. Du solltest Dir immer auch überlegen, welche Steine in Deinem Weg liegen könnten und wie Du trotzdem zu Deinem Ziel kommen kannst.

Noch ein ganz wichtiger Rat: Sprich nur mit auserwählten Vertrauenspersonen über Deine Wünsche, Ziele und Träume. Es gibt viele missgünstige Menschen, die nichts Besseres zu tun haben, als anderen die Visionen zu zerstören und sie kleinzureden, um sie weiterhin als Marionetten tanzen zu lassen oder sich selbst einfach ein bisschen besser zu fühlen. Du weißt jetzt, wer Du bist und was Du willst. Erhalte Dir dieses Wissen und bleibe Dir treu.

PERSÖNLICHE STÄRKEN ERKENNEN & AUSLEBEN

Was kannst Du gut? Was macht Dir Spaß? Worin gehst Du komplett auf und vergisst die Welt um Dich herum? Wobei fühlst Du Dich ganz mit Dir selbst im Einklang? Achte bewusst auf alles in Deinem privaten und beruflichen Alltag und schreibe Dir alles auf, was Dir positiv auffällt. Es können auch Kleinigkeiten sein. Malst Du vielleicht gern, pflegst Deine Pflanzen, hilfst anderen Menschen, informierst Dich über wissenschaftliche Themen, arbeitest im Team, denkst Dir lustige

Geschichten aus, spielst ein Musikinstrument, reparierst Gegenstände, spielst Fußball oder backst Kekse?

Schreibe Dir immer die genaue Tätigkeit bzw. Situation auf und notiere Dir, was Dir speziell daran gefallen hat. Dann überlege Dir, wie man die Stärken oder Vorlieben mit jeweils einem Begriff beschreiben könnte, zum Beispiel Hilfsbereitschaft, Kreativität, Liebe zur Musik, Teamgeist, Humor, Wissensdurst, Naturbewusstsein, Sportlichkeit oder was auch immer zutrifft.

Das, was Du gut kannst und gern tust, ist ein wichtiger Teil von Dir. Indem Du öfter und intensiver Beschäftigungen nachgehst, die Deinen Stärken und Vorlieben entsprechen, bekommst Du einen stärkeren Bezug zu Dir selbst, gewinnst Selbstbewusstsein und lenkst Dein Leben in Deine eigenen Bahnen.

Denke auch darüber nach, ob und inwieweit Du in Deinem jetzigen Job Deine Fähigkeiten einsetzen kannst, und überlege Dir gegebenenfalls, welcher Job besser für Dich geeignet wäre, um Dich dann nach einem entsprechenden Arbeitsplatz umzusehen oder Dich gegebenenfalls selbstständig zu machen. Das soll alles nicht von heute auf morgen erfolgen, sondern will wohlüberlegt sein, aber mit dem Nachdenken und Planen solltest Du bald beginnen. Wenn es momentan nicht möglich ist, Dich beruflich in gewünschter Art zu verändern, dann verwirf das Vorhaben nicht, sondern entwickle Ideen, wie es klappen kann. Glaube an Dich und lass Dir Deine Träume nicht ausreden. In jedem Fall beschäftige Dich privat so viel wie möglich mit Dingen, die Dich erfüllen. So kannst Du viel Energie gewinnen und Dich stärken, sodass Du auch eine Arbeit, die Dir nicht gefällt, und alle anderen Herausforderungen meistern kannst.

ENTSCHEIDUNGEN TREFFEN & DAZU STEHEN

Zu einem selbstbestimmten Leben gehört es ebenfalls, Deine eigenen Entscheidungen zu treffen und sie in die Tat umzusetzen, im Kleinen wie im Großen. Es mag für das Leben zwar eigentlich unbedeutend erscheinen, ob Du Cappuccino oder heiße Schokolade trinkst, welche Musik Du anhörst oder welche Hose Du Dir kaufst (bzw. ob Du Dir eine kaufst). Trotzdem ist es ein Zeichen Deiner Selbstbestimmtheit, wenn Du auch in so banalen Situationen ganz frei und aus Dir selbst heraus entscheidest, ohne Dich von jemandem beeinflussen zu lassen oder darüber nachzudenken, was andere wohl von Dir denken würden.

Zugleich übst Du an kleinen Entscheidungen für die großen, wichtigen Dinge. Wenn Du Dir selbstbestimmt Deine Kleidung, Getränke, Musik und alles Mögliche andere aussuchen kannst, ist das ein Grundstein dafür, dass Du auch eigenständig entscheiden kannst, ob Du zum Beispiel Kinder haben oder mit Deinem Partner zusammen bleiben willst, welchen Job Du ausüben möchtest, ob Du ein Haus bauen willst oder welche Partei Du wählen möchtest. Sich zu entscheiden, muss man üben. Wenn man es nicht gelernt hat, dreht man sich leicht nach dem Wind und tut das, was andere für richtig halten bzw. einem einreden.

Nimm Dir für jede Entscheidung angemessen viel Zeit, denke reiflich nach und fühle in Dich hinein. Selbstverständlich sollst Du nicht zwei Tage lang überlegen, welche Sorte Pizza Du bestellen möchtest, aber auch bei so kleinen Entscheidungen solltest Du einen Moment innehalten und ganz ruhig in Dich hineinfühlen und -hören, ohne Dich von den Meinungen anderer beeinflussen zu lassen. Wenn Du Dich entschieden hast, sage es frei heraus, egal, was die anderen davon halten. Falls Du Dich nicht entscheiden kannst, probiere einfach die verschiedenen Möglichkeiten aus, sofern das geht, und achte dabei genau darauf, ob Du Dich innerlich zufrieden fühlst. Wenn Dich jemand dafür kritisiert oder auslacht, lächle einfach und sage gelassen: „Ich mache eben, was mir gefällt."

Bei größeren Entscheidungen solltest Du Dir mehrere Tage oder gegebenenfalls auch Wochen oder Monate Zeit nehmen, um Dir klar zu werden, was Du willst. Sage anderen Beteiligten direkt, dass Du Bedenkzeit brauchst, und kümmere Dich nicht darum, wenn sie Dich unter Druck setzen oder in eine bestimmte Richtung drängen wollen. Entscheide mit dem Verstand und lass Dich nicht von Deinen Gefühlen beeinflussen. Dabei hilft es, wenn Du Dir eine Pro-Contra-Liste anfertigst.

Schreibe zunächst alles auf, was Dir an Argumenten in den Sinn kommt. Das kann auch über eine längere Zeit sein. Dann betrachte die Argumente kritisch. Bei einigen kannst Du sofort erkennen, dass sie nicht Deine eigene Meinung sind, da sie sich nicht auf Deine eigenen Wünsche, sondern die Ansprüche anderer beziehen. „Mein Partner will das" oder „Dann respektieren mich meine Nachbarn" sind keine richtigen Argumente, sondern Ausdrücke des marionettenhaften Denkens. Streiche alle Punkte dieser Art. Bei den verbleibenden gehe in Dich und frage Dein Inneres, ob es das wirklich so sieht. Du kennst das Vorgehen schon aus der Selbstbefragung. Verneint Dein Inneres, streiche auch diese Punkte. Bist Du Dir nicht sicher, klammere sie ein. Überprüfe die endgültige Entscheidung, also für (pro) oder gegen (contra) ein Vorhaben, nochmals durch die Frage an Dein Inneres: „Will ich wirklich (nicht) ...?" Falls Du Dir immer noch unsicher bist, wiederhole die Prozedur einige Zeit später.

Wenn es bei der Entscheidung um etwas Gemeinsames zwischen Dir und Deinen Liebsten geht, kannst Du natürlich nicht allein für Euch zusammen entscheiden, denn jeder hat sein eigenes Selbstbestimmungsrecht. Daher sollte jeder sich zunächst für sich klar werden, was er möchte, und dann solltet Ihr Eure Ergebnisse gemeinsam besprechen. Seid Ihr Euch einig, ist es unproblematisch, aber wenn einer etwas will, das ein anderer nicht will, wird es schwierig. Je nach

Situation und je nachdem, wie weit Eure Wünsche auseinanderliegen, gibt es verschiedene Möglichkeiten. Ihr könnt einen Kompromiss schließen, bei dem alle einige Abstriche machen und dafür einige Wünsche erfüllt bekommen, oder Ihr macht etwas ganz anderes, das Euch allen zusagt. In der Situation, dass beispielsweise einer nach England und einer nach Spanien in den Urlaub fahren möchte, könntet Ihr Euch also entweder auf Frankreich einigen, weil es klimatisch dazwischenliegt, oder Ihr fahrt die Hälfte der Zeit nach England und die andere Hälfte nach Spanien. Oder Ihr fahrt nach Schweden, weil Ihr das beide mögt.

Nicht jedoch sollte einer seinen Kopf durchsetzen und der andere klein beigeben. Das macht nicht nur die betreffende Person unzufrieden, sondern wirkt sich auch negativ auf Euer Zusammenleben aus. Anders sieht es aus, wenn es sich um einen großen Wunsch des einen handelt und es für den anderen nicht schlimm ist, sich damit zu arrangieren. Zum Ausgleich sollte dann aber derjenige, der seinen Wunsch erfüllt bekommen hat, dem anderen auch einen Wunsch erfüllen, sofern dieser ihm zumutbar ist. Falls kein Kompromiss möglich ist, bleibt nur, dass jeder allein das macht, was er will. Das mag einmal heißen, dass Ihr getrennt in den Urlaub fahrt, ein anderes Mal kann es bedeuten, dass Du und Dein Partner Euch trennt, weil Ihr Euch über grundlegende Dinge in der Beziehung nicht einig werdet. Diese Entscheidung muss aber wiederum extra und in aller Ruhe abgewogen werden.

Wenn Du ein Kind hast, solltest Du dieses altersgerecht in Entscheidungen einbeziehen und ihm so viel Freiraum wie möglich geben, aber selbstverständlich hast Du als Erwachsener den besseren Überblick, was gut und richtig ist, und insofern ein Veto auf seine Entscheidungen, sofern sie unvernünftig sind.

EIGENE MEINUNG BILDEN & ÄUßERN

Neben den kleinen und großen Entscheidungen des Lebens besteht Selbstbestimmung auch darin, sich selbstständig eine Meinung über alles zu bilden und diese frei heraus mitzuteilen. Gemeint ist nicht, dass Du über das Aussehen, den Charakter oder eine sonstige Eigenschaft anderer Menschen urteilen sollst – im Gegenteil, Du sollst andere so respektieren, wie Du auch respektiert werden möchtest. Wenn sie fehlerhafte Informationen verbreiten oder Ansichten vertreten, die respektlos gegenüber Dir oder anderen sind, darfst Du ihnen aber widersprechen und ihnen die richtige Sichtweise erklären. Das solltest Du sogar, denn wenn Du es einfach hinnimmst, trägst Du dazu bei, dass sich solche Gedanken weiterverbreiten und sich auch in Zukunft in der Gesellschaft nichts zum Positiven verändert. Erwarte aber nicht, dass diese Menschen einsichtig sind, und lass Dich nicht auf hitzige Diskussionen mit ihnen ein. Bleibe ruhig und sachlich, und wenn jemand Dir nicht zuhören will, beleidigend wird etc., vergeude nicht Deine Energie, sondern wünsche ihm einfach noch einen schönen Tag und verabschiede Dich höflich.

Viele Menschen sind in ihrer Meinung von irgendetwas oder irgendjemandem beeinflusst, zum Beispiel von der oberflächlichen, schlecht recherchierten Berichterstattung der nächstbesten Tageszeitung oder von den Erzählungen der Kollegen. Sie machen sich nicht die Mühe, selbst zu recherchieren oder womöglich nachzudenken und sich ein eigenes Urteil zu bilden. Dies solltest Du jedoch tun, denn gut informiert zu sein und eigenständig zu urteilen, ist ein Teil Deiner Freiheit.

Nutze also seriöse Quellen, um Dich über die Geschehnisse in der Welt und vor Deiner Haustür zu informieren, und vergleiche die verschiedenen Berichte in den unterschiedlichen Nachrichtenmedien. Vermeide es, einseitigen Berichten zu glauben, und glaube auch nichts, was jemand in Deinem Umfeld irgendwo gehört oder gelesen hat. Denke selbstständig über die Themen nach, suche nach Hintergrundinformationen und betrachte die Dinge von allen Seiten. Erst dann bilde Dir Deine eigene Meinung, oder aber Du bleibst neutral.

Kommuniziere mit anderen über Informationen und Ansichten, auch wenn sie vehement auf ihre Meinung bestehen – es sei denn, das Thema ist brenzlig und die Personen könnten Dir gefährlich werden. Bleibe immer gelassen und höflich, es herrscht schließlich Meinungsfreiheit und Streit bringt nichts. Übe am besten im vertrauten Kreis unter Freunden oder engen Verwandten, bevor Du mit Nachbarn oder Kollegen sprichst.

DANKBARKEIT STATT IMMER MEHR WOLLEN

Höher, schneller, weiter und immer noch mehr, niemals ist es genug. So funktioniert unsere Gesellschaft und so denkst auch Du, wenn Du nicht aufpasst, denn dieses Denken ist überall und wirkt ansteckend. Dabei hast Du doch bereits so vieles, das überhaupt nicht selbstverständlich ist, das andere nicht haben und für das Du dankbar sein kannst. Schau Dich mal in Deinem Leben um, angefangen bei Dir selbst über alles, was Du besitzt, bis hin zu den vielen kleinen und großen schönen Erlebnissen, die Du täglich hast. Um dankbar zu sein und das zu würdigen, was Dir Gutes widerfährt, musst Du mit offenen Sinnen durch Deinen Alltag gehen und Deinen gedanklichen Fokus auf das richten, was ist, anstatt auf das, was sein könnte.

Schaue nicht auf diejenigen, die mehr oder andere Sachen besitzen als Du, und auch nicht auf die Werbung. Denke nicht an das, was Dir vermeintlich fehlt, sondern an alles, was Du schon hast, und werde Dir bewusst, was für ein großes Glück das ist. Du bist wahrscheinlich bei einigermaßen guter Gesundheit, hast ein Dach über dem Kopf, ein Bett, eine Dusche, einen gefüllten Kühlschrank und sicher noch einiges mehr. Viele Menschen auf der Welt haben nichts zu essen und müssen verschmutztes Wasser trinken, um nicht zu verdursten. Von dem, was für uns ganz normal erscheint, können sie nur träumen. Auch unweit Deiner Wohnung gibt es aber sicher Menschen, denen es weit schlechter geht als Dir – zum Beispiel Obdachlose oder Rentner, die Pfandflaschen sammeln müssen.

Statt nach immer mehr zu streben, übe Dich in Dankbarkeit dafür, dass es Dir im Vergleich zu vielen anderen Menschen gutgeht. Du hast alles, was Du brauchst, vielleicht sogar mehr. Halte Dir das immer wieder vor Augen und nimm die schönen Momente des Lebens bewusst wahr. Vielleicht ist es „nur" ein leckeres Essen, ein schöner Sonnenuntergang oder ein Spaziergang mit einem Freund, aber ist es nicht wunderbar, das erleben zu dürfen? Indem Du dankbar bist, wirst Du automatisch ruhiger, zufriedener und positiver. Du erkennst, dass vieles, wonach Du Dich sonst gesehnt hast, gar nicht wichtig ist, sodass Du nicht so leicht durch die Werbung oder Deine Mitmenschen manipuliert werden kannst.

AUSMISTEN

Ein ganz sicheres Anzeichen dafür, dass Du Dich von den Ansichten und Ansprüchen anderer lenken lässt, ist ein Kleiderschrank mit vielen Inhalten, die nicht Deinem wahren Selbst entsprechen. Es sind vielleicht ganz unterschiedliche Kleidungsstücke, die Dich je nach Anlass und Menschen, mit denen Du zusammenkommst, in jemand anderen verwandeln, oder die Sachen sind sich untereinander vom Stil her ähnlich, aber ähneln Dir trotzdem nicht. Möglicherweise findest Du auch viele Kleidungsstücke, die Du nicht mehr trägst, weil sie aus unterschiedlichen Jahren bzw. Saisons stammen. Wenn Du Glück hast, gibt es aber ein paar Sachen, die Du wirklich nur gekauft hast, weil Du selbst sie schön findest und Dich darin wohlfühlst.

Schau jetzt gleich mal in Deinen Schrank und auch in Deine Kommode, wenn Du eine hast, sowie in Dein Schuhregal. Sieh Dir alle Sachen genau an und probiere sie auch an. Was gefällt Dir wirklich? In welchen Sachen fühlst Du Dich ganz natürlich? Was würdest Du anziehen, wenn Du ganz allein wärst und niemand über Dich urteilen würde? Diese Kleidungsstücke behältst Du natürlich. Alles andere, sofern es sich nicht um vorgeschriebene Arbeitskleidung handelt und Du den betreffenden Job behalten möchtest, sortiere aus. Wirf die Sachen aber nicht weg, sondern verschenke oder spende sie. Es gibt viele Menschen, die sehr wenig Geld haben und sich über etwas zum Anziehen freuen bzw. dringend Bedarf daran haben. Falls Dir gar nichts von Deinen Kleidungsstücken wirklich gut gefällt, solltest Du natürlich einige Sachen trotzdem behalten, bis Du Dir etwas kaufen kannst, das Deinem eigenen Geschmack entspricht. Selbstverständlich solltest Du auch keine Erinnerungsstücke oder Geschenke von lieben Menschen weggeben.

Wenn Du mit Deinen Kleidungsstücken fertig bist, schau Dich in Deiner Wohnung um. Hast Du Dir alle Einrichtungs- und Dekorationsgegenstände wirklich ganz nach Deinen eigenen Vorlieben ausgesucht? Wenn Du Dinge entdeckst, die Du selbst nicht schön oder wichtig findest, gehören diese ebenfalls auf die Liste der Dinge, die Du verschenken oder spenden solltest. Wiederum gilt natürlich eine Einschränkung, falls es sich um Gegenstände handelt, die anderen, in Deinem Haushalt lebenden Menschen gehören bzw. ihnen wichtig sind oder die Du von geliebten Menschen geschenkt bekommen hast. Ebenfalls solltest Du die betreffende Sache (noch) behalten, wenn Du einen Gegenstand dieser Art benötigst und Dir gerade keinen neuen kaufen kannst. Beachte bitte, dass Haustiere und Pflanzen nicht als Sachen zu sehen sind, da es sich um Lebewesen handelt, und Du sie daher in jedem Fall bei Dir behalten und liebevoll pflegen solltest.

Vergiss beim Ausmisten auch nicht Deine Playlist bzw. Deine CD-Sammlung. Musik ist wichtig für die körperliche und psychische Gesundheit, jedoch entfaltet sie ihre positive Wirkung nur, wenn sie Dir selbst wirklich gefällt. Höre alle Songs ab jetzt bewusst und fühle in Dich hinein. Breitet sich Entspannung, Wohlbefinden, Freude, Energie, Mut, Zuversicht oder ein ähnliches positives Gefühl in Dir aus, gefällt Dir die Musik anscheinend wirklich. Entsteht kein Gefühl in Dir, oder ein negatives, handelt es sich wahrscheinlich um Musik, die Du nur hörst, weil man sie eben hört, weil Deine Freunde sie hören oder weil sie gerade angesagt ist. Du musst nicht jedes Mal hektisch zum Radio rennen und es abstellen, wenn Du einen solchen Song hörst, jedoch solltest Du in Deiner eigenen Musiksammlung nur Songs bzw. Bands haben, die Deinem Inneren ein gutes Gefühl geben.

ABSICHTLICH „DUMM AUFFALLEN“

Ein sehr gutes Training für Dein Selbstbewusstsein ist es, wenn Du Dich absichtlich der Situation aussetzt, von anderen komisch angeguckt, kritisiert oder ausgelacht zu werden. Du härtest Dich damit gegen die negativen Gefühle ab, die dabei in Dir aufkommen, und lernst, offen dazu zu stehen, dass Du kein Massenfabrikat bist. Es darf natürlich niemand zu Schaden kommen und Du solltest auch keine Menschen verärgern, die Dir am Herzen liegen. Es gibt aber etliche Möglichkeiten, wie Du Dich humorvoll und harmlos von der Norm oder den Erwartungen absetzen kannst.

Eine ganz einfache Art, Individualität zu zeigen, ist die Kleidung. Geh doch einfach mal mit Jogginganzug oder einem T-Shirt mit buntem Aufdruck zum Familientreffen, setz Dir bei Regen eine Sonnenbrille auf, zieh die Jacke verkehrt herum an, trage zwei unterschiedliche Schuhe oder einen lustigen Hut. Du kannst Dir auch bunte Strähnen in die Haare färben (am besten auswaschbar, wenn Du nicht grundsätzlich bunte Haare magst), Dir eine Clownsnase aufsetzen, Dir die Haare absichtlich durcheinander wuscheln oder barfuß gehen. Das ist wahrscheinlich schon mutig genug für den Anfang, Du wirst sicher einige kritische Blicke und Kommentare auf Dich lenken.

Aber es gibt noch mehr Möglichkeiten. Warum schaukelst Du nicht einfach mal auf einem Spielplatz oder gehst mit Schwimmflügeln ins Schwimmbad? Du kannst Dir auch eine ungewöhnliche Kombination von Essen im Restaurant oder Café bestellen, es sollte aber natürlich für Dich selbst erträglich sein. Du wirst die Anwesenden wahrscheinlich schon verblüffen, wenn Du sowohl Nudeln mit Tomatensoße als auch Pommes Frites bestellst und dann noch beides auf einem Teller serviert bekommen möchtest. Versuche auch mal, ein fröhliches Liedchen zu trällern, während Du durch eine belebte Straße gehst. Oder gehe in ein Elektronikgeschäft, zeige auf ein Radio und sage dem Mitarbeiter, dass Du bitte diesen Toaster kaufen möchtest.

Sei einfach ein bisschen harmlos verrückt und erfreue Dich an den verdutzten, teils auch sicher empörten Gesichtern. Die Kunst dabei ist, Dich innerlich zu amüsieren und äußerlich ernst zu bleiben. Fange mit einfachen, wenig auffälligen Übungen an und steigere Dich dann, sodass Du immer mehr Gelassenheit und Selbstbewusstsein aufbaust.

BYE, BYE PERFEKTIONISMUS!

Zu guter Letzt gehen wir noch einem weiteren Selbstbestimmungs-Hindernis an den Kragen. Du hast Angst, nicht gemocht zu werden, und so versuchst Du, für alle perfekt zu sein. Du drehst, windest und verformst Dich, bis Du Dich gar nicht mehr wiedererkennst, nur, um anderen zu gefallen.

Bei vielen steigert sich der Perfektionismus so weit, dass sie nicht nur beim Zusammentreffen mit anderen Menschen perfekt sein wollen, sondern ebenfalls an sich selbst, auch wenn sie ganz allein zu Hause sind, höchste Ansprüche stellen. Sie können nicht mehr von der Sicht abschalten, die sie von anderen übernommen haben. Ewig stylen sie sich und ihre Wohnung und versuchen, immer mehr im Job zu erreichen, immer mehr Geld zu verdienen, immer die neuesten Sachen zu haben. Sie verändern nicht nur ihr Aussehen je nach Anlass und Begegnung, sondern auch ihr Verhalten. Einmal sind sie der brave Sprössling, dann der coole Kumpel, der strenge Elternteil oder der erfolgsorientierte Mitarbeiter. Alles, was sie tun, wollen sie perfekt machen – aber nicht perfekt für sich selbst, sondern für andere.

Achte bei Dir mal darauf, wie Du Dich in verschiedenen Situationen verhältst sowie kleidest und welche Ansprüche Du an Dich selbst sowie Dein Zuhause stellst. Wie lange stehst Du durchschnittlich vor dem Spiegel? Nach welchen Kriterien suchst Du Deine Kleidung für den Tag aus? Wie viel Zeit verbringst Du mit Aufräumen und Putzen? Wie oft sagst Du „ja", obwohl Du „nein" sagen möchtest? Wie oft verheimlichst Du etwas, weil Du denkst, dass es jemandem missfallen könnte, oder behauptest etwas Falsches, um besser dazustehen? Wie oft kritisierst Du Dich selbst und siehst Dich dabei mit den Augen anderer? All das sind Anzeichen für Perfektionismus und dieser sorgt dafür, dass Du Dich nach den Wünschen anderer verbiegst.

Warum tust Du das? Du kannst es ohnehin nicht allen recht machen, denn jeder hat unterschiedliche Vorstellungen davon, was perfekt ist. Es gibt somit gar keine perfekten Menschen, jedenfalls nicht aus der Sicht anderer. Du kannst nur für Dich selbst perfekt sein, denn nur Deinen eigenen Vorstellungen kannst Du rundum genügen. Doch perfekt Du selbst bist Du nicht, wenn Du etwas zu sein versuchst, das andere in Dir sehen wollen. Du musst zu Dir selbst finden und Dir selbst treu sein, dann bist Du perfekt.

Selbstfindung

„Ich bin all jenen dankbar, die Nein zu mir gesagt haben.
Wegen ihnen habe ich es selbst gemacht."
Albert Einstein

Wenn Du ein freies, selbstbestimmtes Leben führen willst, wirst Du auf viel Gegenwind treffen. Viele Menschen verstehen nicht, warum jemand nicht wie alle anderen sein möchte, und manche versuchen aus eigennützigen Gründen, Dich zu ihrer Marionette zu machen. Doch das alles soll Dich nicht kümmern. Du bist Du, ein eigenes, wertvolles Wesen. Kein Gedanke und kein Verhalten eines anderen Menschen kann daran etwas ändern. Also lass Dich nicht länger lenken, verbiegen und an der Nase herumführen. Du selbst trägst die Verantwortung für Dein Leben. Scheue Dich nicht davor, sondern nutze sie, denn sie ist die größte Chance, die Du hast. Halte erhobenen Hauptes die Nase in den Wind, begegne allen Widerständen gelassen und lass Dich durch nichts und niemanden von Deinem inneren Weg abbringen. Respektiere Dich selbst und sei Du selbst, wohin auch immer Du gehst und wem auch immer Du begegnest, und sei gleichermaßen respektvoll gegenüber allem und jedem. So ermöglichst Du Dir ein zufriedenes, erfülltes Leben und trägst dazu bei, dass unsere Welt ein bisschen besser wird.

Denke immer daran: Jeder hat das Recht, frei und glücklich zu leben, und jeder verdient es, dass sein wahres Ich respektiert wird.